梅溢清香

MEI YI QING XIANG

梅兴保／著

政协委员·履职风采

中国文史出版社

《政协委员履职风采》丛书
编辑委员会

梅兴保（2013 年）

2009 年 7 月，随全国政协经济委员会在西藏林芝地区调研

2013 年 3 月，接受中国经济网视频访谈

2014 年 5 月，随全国政协代表团访问欧洲德国、匈牙利、意大利

2014 年 5 月全国政协代表团访问欧洲德国、匈牙利、意大利，其中代表团礼品由梅兴保的书法作品相赠

2014年10月，随全国政协经济委员会在重庆涪陵考察页岩气项目

2017年3月参加全国政协第十二届五次会议时接受媒体采访

目 录
contents

自述：政协履职　丰富人生

建言献策　尽责履职

媒体报道

自述：政协履职　丰富人生

能担任第十一、十二两届全国政协委员，我深知机会难得，唯有努力勤勉尽职尽责，多做点事情，为国家的事情建言献策，才不愧于这个荣誉和资格。

这些年来，全国政协的履职生涯使我人生更充实、视野更开阔、知识更丰富。工作虽忙但没有压力，身心健康快乐。

担任全国政协委员后，调研考察，撰写提案，参加会议，对媒体发表对许多重大改革发展问题的意见和建议，忙得不亦乐乎。为了赶写提案，有时忙得晚上和节假日还加班。政协委员不能徒有虚名，认真履行参政议政的职责，积极为政府工作建言献策，是政协委员的本分。因此，从东方公司总裁岗位一退下来，我就投入全国政协工作，认认真真履职，秉承一贯的工作作风：干工作，要干就认真干好，还要干出名堂。

正所谓没有调查研究就没有发言权，没有调查研究又何来建言献策、如何参政议政？调查研究问题，一直是我人生中的最大乐趣，我再熟悉不过。从年轻时在公社当秘书，到省委政研室再到中办调研室，调查研究是我经常用到的主要工作方法。对我来说，重新干起老本行，在全国政协的平台上继续搞调研、写报告，既兴致盎然，又乐此不疲，甚至还有一种得心应手、如沐春风般的舒坦和满足。在全国政协参政议政的这段时光，除了经常与同为政协委员的中办以及经济金融界老领导、老同事继续共事以外，还有机会经常见到过去同在湖南工作时的周伯华、王众孚、潘贵玉、贺同新、徐宪平、刘佳义、赵杰兵、汪啸风、欧阳淞等领导和同事。以上同志都和我一样，近二十年来先后调来北京的不同单位，退出领导职务后又都在全国政协履职。周伯华、刘佳义和我都曾在湖南省委政策研究室工作过，周伯华当时就是我的处长，现在又担任全国政协经济委员会主任；刘佳义最年轻，现在担任全国政协副秘书长。他们二位是我在全国政协履职的直接领导。我们相见有说不完的话。此外，在全国政协还使我有机会通过多种方式和途径为国家发展、社会进步尽到自己的一份心力，似乎再次唤起我曾经拥有过的那股朝气，热情不减，激情依旧，全身心投入其中。

作为全国政协经济界的委员，我把关注的视野更多地投向了经济领域。履职几年来，从更宽更广更高的角度，对我国经济尤其是金融行业的改革和发展，提出了很多意见和建议，撰写了许多提案，一些提案还受到政府相关部门的重视和采纳。据粗略统计，在十一届全国政协和十二届政协履职期间，提案和专题会议发言以及参加调研的文稿达50多万字。

参政议政热情不减，激情依旧

我还在东方公司总裁任上的2008年1月25日，全国政协第十届常委会第二十次会议决定了第十一届全国政协委员会名单，我成为第十一届全国政协委员。这时候的我因公司事务多，除参加全国政协大会以外，政协活动参加的少，提交的提案和建议也少。全身心参加政协组织的活动，参加或独自搞调查研究，密集推出调研成果提案或文章，是从领导岗位退下来以后，即十一届全国政协的后三年和第十二届全国政协任期。

在十一届全国政协履职期间，我参加了政协组织的17个专题调研和一次政协常委视察活动，还被政协经济委员会推荐到人资环委参加跨专委会调研。连任第十二届全国政协委员以后，每年参加四到五个专题调研。政协一般要求每位委员一年只报名参加两个专题即可，而我自告奋勇，有时拾遗补阙，成为参加调研和有关政协活动最多的在京委员之一。全国政协的工作一点不比政府部门轻松，绝不是只会“拍拍手，鼓鼓掌”。我以前的工作是一个点、一条线，而现在关注的是全局性经济问题，要写出有质量的提案，还真得下点功夫。

“没想到退下来以后还很忙，但这是没有压力的忙，很开心的忙。地球是圆的，看似走到尽头，其实是一个新的开始。”在2011年2月召开的东方公司工作会上，我以东方公司顾问身份出席这次会议，谈起全国政协工作经历时说，退居二线以后，主要在全国政协这个平台搞调查研究、考察，参加一些会议，建言献策。一年来走了十几个省市，每到一处一般都与办事处班子领导见个面，也找机会帮助联络一下客户。同时还应部分委员的邀请，到他们的企业参观考察，比如中国联通、中国五矿、三峡总公司、新希望集团、新奥集团以及天津大通集团、广东圣丰集团、陕西大唐西市集团、河南中原农业集团、湖南隆平高科、深圳海雅集团、厦门的万利达公司、上海的均瑶集团，还有一些南华集团、正大集团、恒和集团、荣丰控股集团等港澳企业，等等。另外，还参加一些过去没办法参加的社会活动。现在是更有规律地生活、更加轻松地学习和做事。这些工作和学习都离不开东方公司提供的各种条件，经常在东方公司有关部门的协助下，我完成了有关政协专题会议文稿的起草。

既是全国政协委员，又是东方公司总裁，在履行政协委员职责时，这种双重身份使我更多的是结合工作实际写提案。2008年，资产管理公司资产处置面临的法治环境呈现不断恶化的趋势，债务人主张资产管理公司债权转让无效的诉求，在没有任何事实及法律支持的条件下，频频得到地方法院的支持。其结果是可能造成售出债权的退回，将对已经完成的债权转让行为及既有的交易秩序形成极大的冲击；在诉讼追偿方面，也存在地方保护、干扰审批等诸多问题。据此，我提出“关于改善法治环境，保持司法公正，推动金融资产管理公司发展”的提案。在提案中建议，肃清地方法院的不当司法政策，改善司法环境；规范政府行为，保证司法审判的独立性。对这个提案，中央政法委和最高人民法院都给予了答复。2009年，国际金融危机的影响逐步蔓延，各地发展经济、维护稳定、保证就业的压力空前增大，我提出“关于鼓励国有资产经营机构购买金融资产管理公司持有的国企不良债权”的提案，建议加强各级地方政府与资产公司的合作，鼓励国有资产经营机构出资购买资产公司所持有的国企不良债权，受到国资委的高度重视并被采纳。

同样，作为全国政协委员，积极组织并参与政协活动，双重身份的我也是从东方公司开始的。被视为十一届全国政协经济委员会创新之举的金融沙龙，第一次没有正名的活动是2009年元月中旬。经全国政协经济委员会领导同意，我请到十多位经济和金融界的政协委员和专家，在东方公司食堂就餐，全国政协经济委员会主任张左已亲自参加，大家讨论的热门话题就是世界金融危机。当时，由美国次贷危机特别是世界投行巨头雷曼兄弟破产倒闭引发的世界金融危机，正在发酵并影响我国，经济形势很严峻，社会上议论也很多。资产管理公司原来的使命，就是处置四大国有银行的不良资产。有人调侃："世界金融危机，不良资产肯定会增加，资产管理公司又有活干了。"

全国政协经济委的同志对这次沙龙活动表示肯定，认为这种形式很好，可以作为专题调研和会议的补充形式，金融界的委员很多，大家可以轮流做东组织。自此以后，金融沙龙活动经常举办。我早在中央党校学习期间就积极组织沙龙活动，在全国政协这个平台上，也是这一活动的积极分子。开展金融沙龙活动的初衷，是对金融领域一些专业性比较强而且比较敏感的调研课题，如金融改革、利率市场化等，不便召开正规的座谈会、汇报会，而是借鉴民间组织"沙龙"活动的形式即"金融沙龙"，不设条条框框，大家畅所欲言，集思广益。除政协委员自愿报名参加外，还邀请主管部门的负责同志和科研单位的专家学者参加。

抓住重点问题深入调研，多次提交提案

在全国政协这个平台上，我从更高更宽更广的角度，仍然对信用评级以及信用体系建设给予了很多关注，连续两年向政协提交了相关文章和提案。在东方公司期间，我就力举推动东方公司进入信用评级行业，并坚信发展我国自主品牌的评价机构对国家经济信息安全具有重要而又深远的意义。2010年，就信用评级及信用体系建设做了进一步的调查研究，向政协提交了提案；2011年，从社会信用体系建设的高度进行思考与调研，再次提交了提案，被全国政协十一届四次会议采纳，引起了多方面的关注和重视。

“关于发展我国信用评级服务的意见和建议”，是我第一次向全国政协大会提交的关于信用评级提案的题目。在提案中指出，市场经济是信用经济，信用评级在保护投资者利益、促进资本市场和金融市场健康发展等方面发挥积极作用，已成为信用体系建设中不可或缺的金融中介。同时，这一金融中介如果不加以引导和监管，也会对一国经济和社会发展带来难以估量的损失，甚至引致金融危机，危害国家金融主权和经济安全。

国际信用评级业起源于19世纪末的美国。经过上百年的发展，穆迪、标准普尔、惠誉三大评级机构确立了“评级霸权”地位，其评级结果直接影响或决定相关证券发行人的融资机会及成本、机构投资者的资产组合，以及受监管实体的合规成本。在金融全球化的进程中，三大机构的“评级霸权”亦从美国国内延伸到了全球资本市场，甚至夹带意识形态因素对他国国家信誉指手画脚。它们通过合资、合作的方式逐步进入到我国评级市场。

我国信用评级业起步较晚，自20世纪80年代末开始，经过二十多年的发展，逐步成为资本市场和信贷业务中不可或缺的重要力量，但与国际评级机构相比还有较大差距，仅局限于国内资本市场和部分贷款业务的客户评级，在国际评级领域基本上不具有话语权。

2008年金融危机的爆发，美国三大评级机构由于未能及时、客观地向投资者提示结构性金融产品蕴含的风险，特别是事先无预警、事后大规模下调评级的行为，对危机的加深起到了推波助澜的负面作用，其利益独立性、专业水平和职业操守受到广泛质疑。希腊主权债务危机更加重了这一态势。面对金融危机的重大影响，美国、欧盟和其他许多国家的监管部门陆续对信用评级市场和评级机构进行调查，并加强了监管力度。

随着对全球金融危机和希腊主权债务危机中评级机构所起作用的反思，我国打造民族品牌评级机构、维护国家金融主权和经济信息安全正逐渐成为社会各界的共识。但由于我国立法的滞后，至今还没有关于信用评级机构设立、市场准入、业务范围和监管方式等方面的专门法律法规，造成信用评级产品的使用、信用评级市场的竞争秩序、信用评级机构的约束与规范以及监管都无法可依，制约我国信用评级业健康发展。在信用评级业管理方面，我国没有统一的归口管理部门，现在对评级机构的管理，主要根据不同的业务类别，分别由不同的业务归口管理部门对从事这类业务对象评级的资格进行管理，形成了事实上的多头监管。由于缺乏统一有效的监管部门，一方面造成监管政策不一致，使许多评级机构靠牺牲评估质量来获取业务，评级市场的运作很不规范，充斥着"低价竞争""以价定级"等非正常竞争现象，严重影响了信用评级业的健康发展；另一方面，造成了事实上的无人监管和评级机构的权力寻租，从而直接导致我国目前评级市场的无序竞争和过度开放。

我认为，产生以上问题的原因，主要是社会各界对社会信用体系的建设和信用评级的重要性缺乏足够的认识；在债券资本市场，股票投资散户众多；信贷业务中，大中型企业占比大，投资者和有关方面对信用风险的评判缺乏规律性的认识，对外资评级机构渗透缺乏警惕和有效防控。随着我国经济持续、快速发展和国际化、市场化程度的日益提高，资本市场和信贷业务对信用评级的渴求越来越强烈，我国信用评级行业亟待规范并加快发展。

中国已成为世界上最大的债权国，迫切需要自己的评级机构走出去评估债务人的风险，确立在国际资本市场上的话语权，维护国家金融主权，这种战略需求与当前我国评级机构在国际资本市场的弱势地位形成巨大的反差。同时，在信用体系建设中，信用评级是重要内容和关键环节。中央应将加快信用评级业发展、争取国际评级话语权提高到国家战略的高度进行部署，通过发展信用评级进一步完善金融体系、防范系统性金融风险，推进社会信用体系建设。

因此，建议我国制订和实施信用评级发展规划，有计划、有重点地扶持信用评级业和本土评级机构的发展，同时提供必要的政策支持；加快全国统一的企业信用数据库和个人信用数据库建设。依托信用评级机构，加强金融机构风险评价和风险管理。在保护金融信息安全的同时，逐步提高本土评级机构在金融市场的话语权。建议主管部门要求相关金融企业和发债机构，尤其是国有控股的金融企业，要积极选用本土评级机构，来加强风险管理。大力支持扶植本土评级机构健康发展，提高它们的国际评级话语权。对如何加快立法并依法管理信用评级业、加强对评级机构的统一监管、建立行业协会加强行业自律、建设高素质的评级专业队伍等方面，也提出了意见和建议。

从对信用评级服务的研究分析中，拓展了信用评级的领域和意义，上升到整个社会信用体系建设的高度来观察和思考。为此，于2011年从全国政协经济委员会认领题目，专门给政协经济委员会主任写了开题报告，带队到天津、湖南等地，对我国社会信用体系建设问题进行了深入的调研，递交了“关于加强社会信用体系建设的提案”。我认为，信用体系涉及社会信用建设的方方面面，信用体系建设不仅仅是信用评级，评级只是信用体系的一部分，涉及到社会建设、经济建设的方方面面。

我在提案中指出，市场经济是信用经济，社会信用体系是市场经济体制的重要制度安排。信用信息在我国经济发展和社会建设中的价值和作用正逐步显现，社会信用体系建设工作已初见成效。尽管我国社会信用体系建设总体上取得了很大进展，但是目前还存在制约社会信用体系建设进一步发展的诸多因素，主要表现在以下几个方面：

一是社会信用体系建设相关法律法规亟待完善。特别是关于个人和企业信息保护的相关法律法规的缺失，使信用信息的采集、加工、使用和公布无法可依，个人和企业征信及体系建设难以取得实质进展。二是信用体系建设缺乏统筹规划，重复建设和资源浪费严重。社会信用体系建设涉及人行、工商、税务、质检、商务、公安、司法、社保、环保等多个部门，缺乏统一协调和技术标准规范。三是统一的社会征信平台还未形成，对信用体系建设的基础支持作用不足，对违法违规行为的处罚也缺乏有效的信息支持，难以形成齐抓共管的信用体系建设机制。四是守信激励和失信处罚机制不健全，信用缺失问题依然比较普遍。失信的社会成本依然很低，合同违约、偷税漏税、债务拖欠、商业欺诈、假冒伪劣等失信行为增加了市场经济的交易成本，降低了经济运行效率，干扰了正常的市场经济秩序，已经严重影响了社会主义市场经济的健康发展。

为此，在提案中建议国务院尽快出台《征信管理条例》，以立法形式明确各方在征信体系建设中的权利、义务和责任。要加强信用体系建设的统筹协调和管理，明确各部门的职责和权限，力争形成以政府为龙头、企业为主体、个人为基础的社会信用体系。加强企业及个人诚信教育，培育良好的信用文化，逐步将关于信用的道德和知识教育纳入正规国民教育体系，建立社会信用体系建设宣传教育的长效机制。加快统一的征信平台建设，政务信息公开是统一征信平台建设的前提。建议由国务院办公厅牵头，规定统一的政务信息公开内容、范围和格式，列入各部委和相应地方政府部门政务信息公开指南和目录，促进信息共享与交换机制的形成和完善。同时，应加快建立信用标准体系，采用标准化的技术和手段，避免重复建设和资源浪费。

对如何建立和健全守信失信的奖惩机制、对培育信用服务市场和引导信用服务需求，我也提出了意见和办法。建议政府主管部门采取经济、法律手段和必要的行政手段，加大失信行为的惩戒力度，对于信用主体的失信行为，要视情节和后果的严重程度，依法给予曝光、行政处罚、经济制裁，直至追究法律责任等惩戒，提高失信成本；建立守信奖励的制度和机制，对信用优良的企业和个人，可在信贷、工商注册、税收等方面，相应给予优先、便利或一定形式的奖励。要从制度安排和机制设计等方面，鼓励信用交易，规范信用活动。支持企业信用融资、信用销售，鼓励消费信贷。同时，研究政府部门在公共管理中使用信用产品办法，制订信用产品在政府投资、市场监管、公共服务等领域应用目录。支持和鼓励征信、信用评级、信用管理咨询等信用服务行业的健康、均衡发展；建立行业准入与退出、日常监管制度，扶持一批在国内外有影响力的信用服务企业。

有一年，全国政协召开社会管理工作专题协商会议，组织这次会议的同志从政协文库中发现了这个提案摘要，特意打电话给我，请我提交文稿全文作为这次会议的参考文件，说明政协已经把信用体系建设纳入了社会管理的视野。从某种意义上说，信用体系建设同样是社会管理的一个部分，涉及社会信用的评价、社会信用的管理、不讲信用的处理、由谁来协调、整个信用信息的共享等很多问题。

在调研中杀回马枪，以客户身份向民营企业了解实情

政协委员在履职过程中，应该围绕着党和国家工作的大局，想大事，想一些关系全局的大问题。但什么是大事？我认为，和人民利益相关的就是大事，为民谋利益，这是最大的政治，也是最大的经济。因此，政协委员考虑问题、写提案、搞调研，也应该围绕着如何惠民生，如何为人民谋利益的主题。因此，我的提案和调研领域除涉及金融外，还包括编制十二五规划、海洋经济、区域经济发展、发展战略性新兴产业、现代流通体系建设、支持餐饮业健康发展等很多方面。

金融改革，是我调研和提案的重点内容。金融管理体制、金融支持战略性新兴产业、解决中小企业融资难、财税体制改革顶层设计、金融改革创新、农村金融、规范民间融资等金融领域的重大问题，在我的提案中都有反映。而且，提案角度不是为哪个行业呼吁解决什么问题，而是直接瞄准民生，瞄准老百姓的需求。金融服务百姓，实现普惠金融，是我一直关注和研究的问题。下面有问题，根子在上面。我从调查了解我国基层金融存在的问题出发，从金融管理体制、机制和政策等层面进行分析研究，并在此基础上提出对策建议。提案关注的是热点问题，针对性又很强，因而受到了广泛关注。

2012年提交政协大会的提案，“解决中小企业融资难必须改革金融管理体制”，就是按从下往上找问题的思路产生的。

2011年夏，世界金融危机对我国经济的影响还未真正消除，新一轮的经济问题又出现了。与2008年危机席卷而来时首先影响珠三角的外资和中外合资企业稍有不同，这次首当其冲的是民营经济发展最快、比重也最大的浙江尤其是温州地区，其主要表象是，民营企业融资难而导致资金链断裂、导致企业老板跑路甚至跳楼。导致这一现象的原因尤其是体制机制性

原因在哪里？我一直在思考并着手调查研究，准备在2012年全国政协大会上就此提出提案。

围绕“稳增长、转方式、调结构”问题，全国政协经济委员会宏观经济调控调研组于2011年9月到浙江省调研，我随调研组一同前往。时任浙江省委书记的赵洪祝同志很重视这次调研，他在浙江宾馆与调研组见面。在交谈中，赵书记除介绍浙江省宏观经济形势外，重点介绍了温州等地区融资难、融资贵的情况，提出温州设立金融改革试验区的总体思路，目的是希望民间地下融资在政策指导和规范管理下阳光化。这样既解决了小微企业融资难问题，又解决了民间资本的出路问题。赵书记还将温家宝同志前不久在浙江考察听取汇报时的一些情况与调研组进行了沟通，恳切希望调研组去温州等地深入调研了解一下民营企业融资难问题，并就这一问题向中央提出金融管理体制方面的建议，有些政策让浙江先行先试。

调研组很重视赵洪祝书记的介绍和建议。在讨论中大家认为，浙江省发生的问题有普遍性，只是先露头而已，解决这些问题迫在眉睫。宏观经济中的调结构，重点是发展民营经济和中小企业，稳增长先要稳住民营经济和中小企业的增长。于是，调研组与浙江省政协的同志商量调整了行程，增加了与金融机构的座谈和对义乌的考察。

义乌是享誉海内外的小商品之城，这里商贾云集，交易活跃，对金融服务有多方面的需求。义乌商贸城内，小商品门面有十几万个。当地陪同的同志说，他们计算过，如果一个人逛义乌商贸城时在每个门面待上五分钟，则需要一年半时间才能逛完。

调研组到达义乌后，地方负责同志陪同参观了近两个小时，但只感受了氛围，由于调研组统一行动，我也不便找商贸经营户多询问。晚餐后，独自一人杀个回马枪，分别找经营玩具、小百货的商户就融资问题请他们讲讲困难和体会。有一位经营服装的老板很健谈，为了套近乎，让她多讲点真实情况，我特地在她店里买了一条长裤子，经讨价还价，只花了120元。回到北京一打听才知道，这种便宜服装在北京大红门市场和木樨园京温商城也能买到。

在义乌，我询问了商户的融资状况，几个商户都有大体相同的诉求，主要集中在这样几方面：一是小规模融资根本不去大银行，而是找民间融资，虽然利率一般月息是二分钱以上，但手续简便，正规银行不仅手续繁多、审批时间长，而且要抵押。二是义乌商品市场的境外客户多，据说常住义乌的海外经营户有一万多户，流动外商有十多万人，因而对人民币利率、汇率变化很敏感，而义乌的经营者不知道规避风险，常常吃哑巴亏。三是用人民币对境外投资必须先到工商局注册法人实体才行，个人到境外投资是不允许的。从义乌调查了解到的情况，让我有了一个初步认识，解决小微企业融资难，不是简单的改善金融服务，而是要触动管理体制。接着，调研组到了温州，这一问题的症结被温州的官员和企业家点得透彻。

浙江省委常委、温州市委书记陈德荣介绍，温州的民间资金有六七千亿元，炒房团遍布全国乃至世界许多地方。现在房地产市场不景气，要把这些资本吸引回来搞建设，不能用行政办法，只能靠利率这个经济手段，而我们国家的利率又不放开，走地下钱庄又不合法，就形成了一方面民间资本找不到出路，另一方面民营企业又融资难的困局。他半开玩笑地说，我们国家连利率都不敢市场化，怎么好意思要求欧美国家承认我们的市场经济地位呢？看来，金融改革势在必行，而且要啃利率市场化这块硬骨头。

温州市政府金融办的张主任有在金融监管部门工作的经历，对金融部门和地方的情况都比较熟悉。他说，现行的金融市场主体和金融的管理框架，还是20世纪90年代中后期设计并确立起来的，适应大银行、大保险等金融企业做大做强，但不适应小微金融机构的设立和发展，形成了以下三多三少：大金融机构网点多、小金融机构少；中央金融机构多、地方金融机构少；依靠银行的间接融资多、依靠股票债券的间接融资少。这种架构对小微企业的融资最为不利，必须在组织机构体系和市场的战略布局上研究调整。

回到北京，我对这次调研材料进行了分析整理，基本确定了提案的主体框架和构思。2011年11月，全国政协经济委金融沙龙活动举办，由全国政协委员、中国工商银行行长杨凯生做东，在工商银行的内部招待所进行。参加沙龙活动并在圆桌会上发言的，既有政协经济委员会的张左已主任、李德水副主任，也有金融界的巨头，还有厉以宁等顶级专家学者。我也在会上发了言，并围绕正在思考的几个主要内容展开，如加快发展小微金融机构，推进利率市场化等。阎冰竹等委员对这一问题也有同感，发言中也提及这方面的内容。

沙龙活动结束后，我吸收了其中一些好的意见和建议，在自己原来材料的基础上进行补充修改，形成了2012年十一届全国政协第四次会议上的提案。在提案中提出，从根本上解决小微企业融资难，必须深入进行金融改革，必须在组织结构体系和市场的战略布局上研究调整。加快发展小微金融机构，使金融机构体系有合理的分工和布局，不搞同质化的竞争，让小微金融机构有活动的余地。在监管上也要适当放权，让地方管理部门既有防范风险的责任，同时有管理地方金融机构的权力。此提案分送到了中国银监会和中国人民银行，并由银监会主办给予了答复。

大会发言要有真知灼见，而且要让不同界别的委员听得懂、有印象

关注金融就是关注民生。金融不是高高在上的，它是服务于实体经济的，最终是服务老百姓的，因此一定要让老百姓从金融发展中得到实惠。因此，从金融的角度关注社会热点，关注民生问题，是我调研和撰写提案的基本出发点。

2012年，我提交了关于财税体制改革顶层设计的提案，认为财政要以民为本而非建设财政，财政的钱应该多花在民生领域，建设投资要交给企业和社会。在做财税体制改革提案时，在调研分析时认为，要做好财税工作首先应该解决的是财政指导思想的问题，就是财政的最终目的是什么，这个问题不弄明白，财税体制的设计一定是短视的，是一时一地的，或者

只能临时性地解决一些问题，不能治本。近年来我国的经济实力增强了，但在这个过程中，国家收入的增长幅度始终远远高于老百姓收入的增长幅度。取之于民太多，税负太重，花在城市建设上的钱也过多。财政体制是经济体制的重要组成部分，但它也是政治体制的一种反映，如果为老百姓谋利益的思想不牢固，就容易走偏，一偏就是体制上偏。因此，必须先在顶层设计上考虑财税体制改革的问题，这才是关键。

2012年3月初，十一届全国政协五次会议在北京举行。

我向大会提交了《关于我国财税体制改革顶层设计的建议》的提案。在提案中分析了我国财政体制存在的问题，提出要进一步改革财税管理体制；财税体制改革要与金融体制、国有资产管理体制改革协调推进，一是要构建共同防范和化解危机的财税金融体制；二是形成有效调控宏观经济的财税金融体制；三是国有资本包括金融资本的经营要纳入预算管理。财税体制和政策上必须考虑逐步解决历史包袱和新旧债务；以试点地区的省管县财政体制为契机，推行行政管理体制改革，建立以民为本的财税体制，必须精简机构，减少财政供养人口。除了党政机关要继续精简以外，减少管理层级是最有效的改革举措。可以在条件较好的省份，以财政体制上的省管县为切入点，全面推进干部人事、工商行政、国土等其他管理方面的省管县，总体上使地方机构和人员大为精简。完善财税监督机制，首先，要以转移支付为重点，加强财政系统内的监督和审计监督。其次，要加强人大法律监督和政协民主监督。预算要民主法定，不仅要公开预决算，除涉及国家机密外，财政收支的具体类别和项目的明细，均要向人大、政协乃至民众公开，接受监督；重大支出等需经过政协提出意见，人大讨论决定。最后，要加强舆论监督。财政要公开透明，让社会媒体对政府收支情况进行必要的公开报道。

这份提案经全国政协提案委员会转交财政部，财政部于当年8月24日给予了答复。财政部在给我的答复中说："我们在认真研究的基础上，拟定了初步答复意见，并征求您的意见。"财政部在答复中就加大民生投入问题、总体上降低企业和个人税负问题、进一步改革财政体制问题、加强债务管理问题，逐一做了说明和解释。答复中还提到，提案关于财税体制改革要与金融体制、国有资产管理体制改革相协调，以及完善财税监督机制的建议，很有启发，将在下一步的工作中认真考虑。

房地产市场，近年来一直是社会的热门话题，牵动着无数家庭的神经，而国家对房地产市场的调控政策，更是受到很多有识之士和普通百姓的质疑甚至批评。对这一热门话题，我给予了很多关注，并通过会议、活动、提案或接受媒体采访等多种方式表达我的观点和看法。2011年12月16日，中国青年企业家协会举办“走进德龙——展望2012”读书会活动。我在会上作了“金融与宏观调控”的主题演讲，其中谈到对房地产市场的一些分析和判断。

我在演讲中指出，现阶段房地产发展是城镇化发展进程中的一种必然现象，这个过程还要延续几十年。一个是城镇化势不可当，另一个与房地产相关的就是老龄化进程，老龄化的进程和死亡率下降的曲线没有交叉，老龄人的房产还比较多，我们的计划生育政策还在坚持，所以独生子女可以处置的房产还没有到那条交叉线。就是说今后四个老人去世以后，他们的房子留给一对儿女可能会有六套房子，到那个时候处理起来就要降价了，现在还不是时候。简单来说城镇化和老龄化的过程对房地产来说其正面效应还在继续。我认为明年房地产价格会出现一个结构性的变化，一是区域结构。比如说北京，三环二环以内房价不会变，五环六环以外就可能降一些。二是房地产公司的实力差异结构。有实力的房地产公司挺得住，地也拿得好，没有实力的公司拿地的价格也高，那就会有问题。三是功能结构。房子是做什么用的，高档、低档，住宅、商住有不同。高档特别是别墅之类的价位还是难以调下来。

2013年下半年，全国政协经济委员会围绕“完善调控政策，促进房地产市场平稳健康发展”这个主题，先后赴内蒙古、湖南、广东、北京、上海等地开展实地调研，委托黑龙江、山东、重庆、西安政协进行协同调研，并于12月2日召开了调研总结座谈会。

我作为专题组成员，全程参与了这次调研，并执笔撰写了调研报告“促进房地产市场平稳健康发展的对策”。专题组认为，我国房地产市场发展取得巨大成就，但也存在诸多矛盾和问题。成绩是：既改善了居住条件，又促进了经济发展，城镇居民人均住宅面积从1978年的6.7平方米提高到2012年的32.9平方米，城镇保障性住房覆盖面达到12.5%。矛盾和问题是：住房资源配置不合理，住房占有不平衡，一线城市和一些热点城市房价过高、上涨过快，部分三四线城市供过于求、市场低迷，出现许多人“没房住”、许多房“没人住”等现象。

为解决存在的矛盾和问题，促进房地产市场平稳健康发展，专题组提出以下建议：一是摸清住房底数，整合部门资源，建立互联互通的个人住房信息系统；二是盘活存量、扩大供给，稳定住房市场供求关系；三是理顺政府和市场的关系，按照差别化原则建立分类管理、分级施政的房地产调控体系；四是创新模式、精细管理，完善基本住房保障体系；五是总结房产税试点经验，为推进房地产税立法积极做好准备；六是加强顶层设计，完善法律制度，促进房地产市场平稳健康发展。

因为履职尽职尽责、提案又多又好，我获得了全国政协对政协委员的最好“奖赏”——在全国政协全体会议上做大会发言。

2013年3月7日下午3时，全国政协十二届一次会议在北京人民大会堂举行第二次全体会议。我作了大会发言，一时间成为国内外媒体关注的焦点人物。

在这次题为《推进金融领域重点改革防范金融系统性风险》的大会发言中，我讲到改革开放以来，我国金融业取得了举世瞩目的成绩，但在发展中还存在一些问题，主要是服务实体经济还不够；小微企业和农户融资难、融资贵；金融业潜在的风险在积聚等，因此，必须抓住重点，推进金融改革，同时高度重视防范金融系统性风险。

对此，我给出以下建议：

调整融资结构，切实服务实体经济。应提高直接融资的比重和规模，支持实体企业进入资本市场通过股权和发债融资。应完善股票、债券发行制度，让更多的中小企业、高科技企业有机会直接融资。要正确引导资金投向，特别是信贷资金的投向，重点加强对实体经济的重点领域和薄弱环节的支持。

积极推进利率市场化改革，通过引导并放开一些替代性金融产品的价格来为利率特别是存款利率市场化创造条件。同时建立存款保险制度，建立银行和金融机构的破产制度。教育金融消费者，要有风险意识。还要加强金融机构对市场利率的评估。

有序发展中小金融机构，完善金融机构体系。发展与中小企业金融需求相匹配、以服务中小企业为已任的中小金融机构，支持发展“草根金融”，丰富和完善金融机构体系。为此，应进一步降低准入门槛，简化审批手续，制定差别化的监管政策，适当提供税收优惠，鼓励民营资本设立中小金融机构。

完善外汇管理体制。一是保持合理的外汇储备规模和币种结构，逐步做到藏汇于民，用汇方便，在储备形态上增加战略物资的外汇储备。二是拓宽人民币跨境使用范围，支持我银行开展境外项目人民币贷款业务，支持有关国家将人民币纳入国际储备。三是推动资本账户渐进开放，逐步放宽对外直接投资的外汇管制。四是按照主动性、渐进性、可控性的原则，逐步推进汇率市场化改革。增强人民币汇率双向浮动弹性，促进外汇市场的发展。

加强金融监管，防范金融系统性风险。我在发言中呼吁，为防范系统性风险，金融监管要抓住重点，对金融、房地产等行业和企业加强现场和非现场检查，减少对其他行业一般的检查。同时，加强全口径风险监测预警，防止风险转移和重大违约事件，还要加强金融监管与地方财政、国土、国资、建设等部门的协调配合，互通信息，统一政策口径。

来自金融行业的委员要着眼宏观、直面热点话题

2014年3月16日22：30，有一位记者在百度搜索“梅兴保”三个字，得到的检索结果是7930000条，相关条目内容基本上是我接受媒体采访的新闻报道。自2011年“两会”开始，每年的全国政协会上，我不仅在联组会上积极发言，还是众多媒体围堵、争抢的采访对象。每年提交提案、经

常参与政协组织的调研，不仅涉及的领域广泛，而且对很多问题的研究颇有建树。

多年的知识和研究积累使我厚积薄发，无论面对什么问题都能做到轻松自如、从容应对。因此，面对媒体的采访，不仅谈吐、观点受欢迎，而且表达流畅而又清晰。甚至被一些记者视为采访效率高、成稿速度快的最佳人选之一。

通过接受媒体采访表达自己对一些社会热点问题的看法和观点，在我看来，也是在尽一个政协委员的本分。无论是两会期间还是平时，只要没有特别重大的事项，对媒体预约采访都不会有意推托或拒绝，总是尽力满足媒体的采访要求。由于报道量太大，很难全面归纳或转述我的观点，这里仅摘录部分媒体报道的精彩片段如下：

谈金融改革的难点。2011年3月7日，我在回答《南方都市报》记者这一提问时说，目前金融改革中，是否实现综合监管、如何管理金融国资、大型金融机构人事决定权问题，是金融改革中的三大关键难题，迫切需要尽快出台一个决策性意见。

目前，综合经营的态势已经逐渐形成，光大、平安、四大资产管理公司都需要有一套更加适应的金融监管机制来配套。国务院可以决定把三个监管委员会进行适当整合，对财政部的一些职能，也可以考虑适当整合，这个是可以探讨的。也可以随着下一步国家大部制改革进行，这至少是一个可以考虑的方向。

谈金融惠民。2012年9月6日，我在回答《人民政协报》记者关于金融业应该如何让老百姓分享发展红利提问时说，改革的成果应该让老百姓分享，不仅是金融行业，别的行业也同样。我认为，一是金融业要树立以民为本的思想，提供优质、便利和低成本的服务，不能乱收费、高收费，特别是不能嫌贫爱富，要帮助老百姓理财和中小企业避险。二是资本市场要关注小股民利益，许多金融企业已经上市流通，盈利后按规定分红，不能当“铁公鸡”。三是让民间资本尽快进入金融行业，在股权设计上留出空间，可放开民间资本申办小额贷款公司的限制。四是金融产品的设计尽可能满足百姓发展需要，譬如农民进城速度很快，可以设想给进城农民工某种票据，用以抵扣宅基地的建设成本，将农民的宅基地整理和城市房地产开发结合起来，使其有能力购买城市经济适用房，既能确保18亿亩的耕地红线，也让百姓享有财产性收入。

谈利率市场化影响。2013年4月2日，《第一财经日报》刊登了对我的专访。在谈到利率市场化以后的影响时，我指出，第一，利率市场化一旦推行以后，肯定会影响商业银行的盈利模式。因为现在的银行，主要盈利是靠存贷差。商业银行竞争更为激烈，中小银行会相对公平地获得一些资金的来源，那么大银行要么做到与小银行同样的价格，要么减少资金来源和贷款的数目，调整利率的水平，不会像现在，近似垄断性地得到一些低成本的资金。第二，这也是我希望呼吁的，对于债券市场，特别是国债市场，以及金融债、企业债是由市场影响的。这个影响总体来说还是对于未来的发债有利的，但是对于存量的债需要仔细地测算。比如，我们数万亿的国债，以及企业债市场，如果利率不跟着涨，就没有人愿意持有。第三，对于企业的融资成本，也会出现一些新的变化。资金来源决定资金运用，既然是市场化来源了，成本就可能有高有低。当前没有放开的情况下，会低一些，放开后，成本就会高一些。实体经济就需要有消化资金成本增高的能力和准备。第四，对外币的进入要有研判。因为外资进入中国，涉及汇率也会有一些相应的变化，热钱会更加盯住中国市场，总体是好事，要保持整个金融的相对稳定。

谈建立存款保险制度。2013年12月23日，我接受《经济日报》《中国信息杂志》和《人民日报》海外网采访时说，我们整个金融机构的组织体系不完整，竞争不充分。那些大银行具有强大的竞争优势，因为它们有很大的一个成分是国家信用担保的。所以，所有的老百姓都愿意把钱存到大银行，以为它们安全，事实上也是最安全的，因为国家不能让这些大银行倒掉，它们倒了国家肯定会救呀。所以说小银行现在发展得小，发展得不充分。

当然，要依法发起中小银行等金融机构，就要有相应的配套措施，存款保险制度就要建立起来。存款保险制度建立以后，大银行和小银行的风险就差不多了，信誉度就差不多了，因为小银行有了存款保险制度，老百姓存的钱也给你保险了，哪个方便就存哪个。现在的问题是，即使小银行就在家门口，也会跑远了去找大银行，这就是不信任。这个制度建立起来之后，按照一定的比例，你存多少钱，银行要提取一部分交到存款保险机构。要是出了问题，假如银行还不起这个钱了，本金不给你还，利息你自己担，保险机构会按照一定的比例把钱还给老百姓，大小银行都是这个比例。也就是说，存100块有可能拿不回来100块了，利息也没有了，只能按比例拿回来一部分。但到底是什么比例还不清楚，存款保险制度还没有出炉。

谈余额宝。2014年3月6日，我接受中国经济网采访时表示，余额宝最大的正面效应就是推动了利率市场化。同时，余额宝还影响到传统金融的经营理念和产品创新。面对余额宝这种新的业态，银行确实措手不及。日前，中国银行业协会召集相关会员研究银行存款自律规范措施，其中有关专家表示应将余额宝等互联网金融货币基金存放银行的存款纳入一般性存款管理，不作为同业存款，按规定缴纳存款准备金。我认为，虽然这一建议并非法规，但是至少体现了监管机构的一种态度。我认为，银行业协会在上述问题中，应该与互联网基金进行协商，而不是突降利率。

有学者表示，余额宝纳入一般性存款建议涉嫌违法。对此，我认为，余额宝吸收大量的资金以后进入到基金，这个基金开了机构的账户，这符合目前协议存款的相关规定，因此取缔它是不公平的。对于余额宝，只能采用引导的办法，通过对互联网金融的发展来制定新的指导性的规章进行引导。

“我很享受这些年的政协委员生活。在两届的任期中，我一如既往，为民建言，尽好一个政协委员的本分。”我回答《人民政协报》记者关于如何当好政协委员的提问时说，十年的政协履职经历，接触了解的面比过去更宽，自己原来往往只关心本单位、本系统行业的工作，全国政协经济委员会组织的活动覆盖整个经济和农业领域，视野也就宽了；全国政协组织的调研更注重宏观层面的政策取向和重大问题，能帮助自己跳出一个企业微观具体经济经营管理活动的局限，因而所提出的政策建议更具有普遍意义。

全国政协群英荟萃，包括各方面的专家、具有实际工作经验的领导干部和企业家，参加活动时感到有学不完的知识，每一次调研座谈，都是增长知识、深受教益的一课。

一如既往，为民建言，尽好一个政协委员的本分。这是我的承诺，也是我新的使命！

建言献策　尽责履职

政协第十一届全国委员会

【提案】

关于改善法治环境，保持司法公正，推动金融资产管理公司发展的提案（摘要）

金融资产管理公司自成立以来，通过8年多的运作，在支持国有企业改革、扶持企业发展、化解金融风险等方面做出了很大的贡献。但由于不良资产处置业务领域所面临的司法环境、行政干预等问题，使得资产管理公司的资产处置和商业化发展均面临着比较严峻的挑战。

建议：

肃清地方法院的不当司法政策，改善司法环境。对于地方法院不当出台的针对资产管理公司案件的地方性司法政策文件，建议在调查清理的基础上统一废止适用。要求地方法院及时受理与资产管理公司相关的各类案件，并依法推进相关案件的审理及执行，以维护资产管理公司的各项合法权益。

规范政府行为，保证司法审判的独立性。对于地方政府对资产管理公司案件的不当行政干预，建议要求相关政府部门自觉规范其各项行为，尊重并保证法院司法审判的独立性和公正性。在条件许可下建议建立相应的责任追究机制，对于政府机关干预案件审理执行造成金融债权重大损失的情形，可视情况追究相关人员的党内及行政责任，从而在消除政府干预的同时为资产管理公司的资产处置创造良好的地方行政环境。

2008年

关于鼓励国有资产经营机构购买金融资产管理公司持有的国企不良资产债权的提案

自1999年组建以来，东方、信达、长城和华融四家金融资产管理公司（以下简称资产公司）先后收购商业银行各类不良贷款达29000亿元，截至2008年底，已经处置19000多亿元，回收现金4200多亿元，目前仍持有各类不良贷款账面余额达9500亿元。实践证明，资产公司的组建和运营，是10年前中国政府极具远见卓识的战略举措，对于中国金融业的改革与发展以及此次减小全球金融危机的不利影响都发挥了不可替代的作用。

2008年以来，国际国内经济形势发生了巨大的变化，国际金融危机的影响已经逐步蔓延到国内，各地发展经济、维护稳定、保证就业的压力空前增大。在此形势下，为保持地方经济增长，创建和谐稳定社会，我们建议中央及各级地方政府高度重视并发挥资产公司在应对危机中的重要作用，特别是应加强各级地方政府与资产公司的合作，鼓励国有资产经营机构出资购买资产公司所持有的国企不良债权。

一、地方政府购买资产公司债权的发展历程

自2002年江苏省灌云县政府从东方资产公司手中购买该地区的不良资产包以来，地方政府介入金融不良资产处置的力度不断加大，并先后涌现出重庆渝富公司模式、安徽省政府整体收购模式、商务部“减债脱困工程”模式（中央部委牵头与地方政府携手进行全国行业性不良资产处置）等多种类型的合作模式。据2008年3月底统计数据，各级政府或其指定机构向四家资产公司打包收购不良资产的规模达到2056亿元，占资产公司打

包处置资产的29%，在各类买受主体中占比最高。资产公司和各级地方政府在不良资产处置和企业重组改制等方面的成功合作，加速了经济资源的合理流动和配置，促进了地方经济的结构调整和产业升级。

二、地方政府购买资产公司债权的积极意义

地方政府与资产公司在不良资产领域的合作，从根本上有利于在资产公司代表的中央财政与地方企业代表的地方财政之间寻求利益平衡，减少矛盾和摩擦。由地方政府出面承接债务，利用政府的政策主导和资源整合优势处置不良资产，对地方政府、资产公司、债务企业而言可谓多赢方案。

（一）对地方政府的意义

一是有助于地区经济发展。地方政府收购和处置金融不良债权，可以与地区经济发展政策相契合，充分利用土地、税收等政策杠杆，“化不良为优良”，合理布局经济，有效调配资源，从而促进地区经济发展。

二是有助于维护社会稳定。地方政府收购金融不良债权后，可以统一协调解决企业长期受困的债务纠纷，统筹兼顾企业职工安置和补偿问题，有效避免企业在改制过程中各类上访和突发事件的发生，维护企业职工利益和社会稳定，体现党中央、国务院关于创建和谐社会的精神。

三是有助于盘活国有资产。资产公司向地方政府转让的资产包中，有很多债务人是对当地经济发展有重大影响的国有大中型企业，由于不良贷款形成原因复杂，矛盾突出，资产公司盘活难度大，而转让给政府后，政府可以充分运用行政手段和政策杠杆实施资产重组，对企业进行改制和改革，甚至有“起死回生”“化腐朽为神奇”之效果。

四是有助于改善投资环境。企业逃废债现象在某些地区较为突出，已经影响到该地区的投资信用评级。地方政府购买不良资产后，可以有效防范和遏制该类现象的发生，改善当地的信用环境和投资环境。

（二）对资产公司的意义

一是有助于降低处置成本。通过向地方政府打包转让不良资产，资产公司可以迅速处置存量资产，从而加快处置效率，降低处置费用，减少人力资源成本和易贬值资产的自然损耗。

二是有助于防止国有资产流失。资产公司将国有资产打包转让给政府，国有资产产权人性质未发生变更，因此不存在国有资产流失问题。

三是有助于资产公司轻装上阵和商业化转型。资产公司在迅速处置消化政策性或准商业化收购的不良贷款以后，可以进一步发挥资产公司的专业长项和特殊作用，按照市场化操作处理未来可能发生的各种危机和风险，为维护金融稳定与安全做出新的贡献。

（三）对债务企业的意义

地方政府折价购买资产公司持有的国企债权之后，往往大幅减免这些企业的债务或者实施债转股，帮助这些企业摆脱了沉重的债务负担，有助于对其进行彻底的改制，使企业真正走上可持续发展之路。

三、关于地方政府购买资产公司债权实际操作中的几点建议

（一）关于操作主体

各地政府都有国有资产经营公司这样的平台，建议将国资经营公司作为购买资产公司债权的操作主体，并按照商业原则来运作。这样也可以避免与政府的行政职能和社会公共管理职能相冲突。

（二）关于收购资金来源

建议从以下四个方面解决收购资金的来源问题。一是国家政策支持。可以提请国家有关部门、政策性银行对这类交易提供专项资金或贷款，以地方财政作担保，以此促进这类交易的进行。商务部“减债脱困工程”就是由财政部提供专项支持资金。安徽省政府整体收购资产公司债权由国家开发银行提供了贷款。二是地方政府筹集。地方政府可以在预算中安排一部分专项收购资金，也可以动员政府控股的地方商业银行提供贷款。近几年地方财政收入大幅上升，许多地方政府都安排有“国企改制专项基金”，建议提高用于收购国企不良债权的比例。另外国资经营公司按照市场公允价格收购不良资产，借用银行贷款的风险很小，因此所谓“金融风险转移”的说法是不科学的。三是地方政府可以通过国资经营公司旗下的土地、房产、股权等优质资产作为交易支付的对价。四是资产公司接受分期付款、资产置换等安排，缓解政府的资金压力。

（三）关于资产转让价格

目前资产公司本身面临着商业化转型的挑战，在中行、建行、工行、交行股改过程中收购的可疑类贷款支付了相应的成本，虽然收购资金是由人民银行提供专项再贷款，但资产公司必须按约定进度归还人民银行再贷款本息，资产公司背负着较大的还款压力。因此，资产公司不可能无条件减免全部债务，而以收购成本为基础协商确定转让价格是一个较为可行的方案，这也符合主管和监管部门要求的商业化原则。

（四）关于合作方式和工作程序

资产公司和地方政府可以按照“平等互利、协商自愿”的原则开展联系交流，确定合作范围和模式。合作范围可宽可窄，可大可小，可以按省、市或县的“块块”组包，也可以从某个或几个相关行业的“条条”上组包。合作模式可以根据实际情况选择买断、结构性交易、组建合作公司、委托处置等。

具体的工作程序可以参照以下步骤：首先，双方各自成立工作小组对口协调。资产公司以办事处为单位设立工作小组，地方政府指定下属国资委或国资经营公司牵头设立工作小组。其次，双方工作小组协商确定工作计划。一是设定工作时间表，避免时间延误给工作造成被动。二是严格划定政府购买资产包的范围，确定入包债务企业名单。最后，资产公司根据双方确定的企业清单核实成本价格，地方政府要研究落实收购资金来源。双方力争在目标时间内就转让价格和方案达成一致意见并立即付诸实施。

2009年

关于规范管理、有序发展地方金融机构的提案（摘要）

地方金融机构是我国金融体系的重要组成部分，在地方经济建设和社会发展中发挥日益重要的作用，但发展中也存在一些问题和困难，需引起高度重视。最近几个月，我利用全国政协经济委员会组织调研活动的机会，在上海、天津、广东、四川、山西、内蒙古、河南、云南等地，专门就地方金融机构的有关问题进行了调研，了解到一些情况，并形成了几点意见和建议。

建议如下：

面对地方金融机构的快速发展以及暴露出的问题，我们要警醒。回顾20世纪80年代末、90年代初，农村合作基金会一哄而起，没几年就普遍出现风险，被清理撤销；后来不少证券、信托机构也频发风险，需要救助；而一些股份制银行，在几次风浪中，相对好一点。我们要吸取经验教训，对地方金融机构完善机制、规范管理，引导其有序发展。

（一）按照科学发展观要求，加强和改进对地方金融工作的领导

第一，各级党委、政府要正确摆正地方金融工作的位置。金融是为实体经济服务的行业，又是宏观调控的重要工具，地方金融机构是地方金融工作最重要的载体。各地必须按国家经济政策（包括产业政策、地区政策）的要求，根据地方实际，区别不同特点，确定自己的金融发展方向和定位，做到科学有序发展。地方金融发展的快慢、规模要适应地方经济发展需要，不能操之过急，也不能贪大求全。

第二，正确把握金融发展的规律性，坚持统一法人，授权经营；业务分业监管，人员垂直管理。既要建立健全有效的市场机制，又要执行严格的市场准入和从业、任职资格规定。按金融运行规律和特点办事，克服过度行政干预和把金融机构当“钱袋子”的倾向。

第三，正确把握金融的特殊性，树立正确的政绩观和金融功能观，制定科学合理的政策措施。金融实行高杠杆经营，与实体经济相比，风险大。因此，地方政府在确定任务目标和考核等方面，都不能等同于实体经济。要指导地方金融机构建立健全有效的内部制衡机制、激励约束机制和风险防范机制，其中包括与效益风险相匹配、当期远期均衡的薪酬制度。

第四，营造良好的金融生态环境，打造金融绿洲。市场经济是信用经济，信用是金融机构的生命线，诚信是地方金融健康发展的重要基础。地方党委、政府要优化政策、法治环境，创建和谐社会，营造诚信文化氛围，确保各类主体依法合规、理性地参与金融活动。要按中央有关要求，切实推进社会信用体系建设。

（二）加强宏观管理和政策引导，促使地方金融机构的发展各具特色

一要科学规划和合理布局。国家要组织制定金融发展规划，统筹全国金融发展和区域金融布局，促进区域金融均衡发展。在中西部地区要增加中小金融机构，解决服务滞后和不足的问题；东部地区尤其是发达的大中城市的金融机构设置要适度，解决恶性竞争问题。要建立促进区域金融均衡发展的监管制度，分类建立区域金融竞争度指标和区域配比指标，增强金融为西部大开发战略和中部崛起战略服务的功能。全国性或跨区域经营的金融机构，根据饱和指标，只能在未饱和地区增设机构；根据配比指标，先在不发达地区增设机构。区域性金融机构，在所属地区金融饱和度不足时，鼓励在所属地区优先发展，严格限制跨区域经营。

二要引导地方金融机构从本地区实际出发，确定自己的发展思路，搞特色服务，走差异化发展之路。地方银行等金融机构，要在改善信息技术条件、规范管理、防范风险的基础上，尽量满足本地居民和中小企业的需求，在客户对象、业务品种、运作模式上区别于大银行。地方保险公司要根据地方条件和居民特点，发展特色保险、专业保险服务，在农业大省，大力发展农业保险，在各类灾害频发地区，重点提供灾害保险。新型金融机构要立足于“新”，面向新客户、采用新模式、开展新业务。

三要加大政策倾斜力度，通过优惠利率、财税政策，鼓励和引导地方金融机构立足本地、服务中小企业、服务“三农”；鼓励和引导金融机构和资金合理流向不发达地区。适当扩大不发达地区的存贷款利率浮动范围。在不发达地区设置金融机构的，国家应对其实行税收优惠。对面向不发达地区、“三农”和小企业提供服务的新型农村金融机构以及其他金融机构，根据业务，建议中央财政给予适当补贴。

（三）完善治理机制，提升内控和管理水平

已经建立股份制的地方金融机构，要推进股权多元化，健全董事会，完善法人治理机制，防止“一股独大”。地方主管部门要根据所辖金融机构情况，制定具体的完善措施。没有建立股份制的，要因地制宜，选择切合实际的改革模式，完善治理机制，严格规范管理。在改制过程中，地方政府要摒弃“本位主义”，树立开放的市场化理念，积极引进战略投资者，提升地方金融机构的经营管理水平。

监管部门要将股权结构、治理机制纳入监管范围，并与业务审批、机构设立以及其他监管指标挂钩。对治理机制不完善的金融机构，从严控制市场准入。对高管，要严格把关，既要限制地方主管部门，又要节制自身向地方金融机构随意派驻高管。要引导通过市场招聘高管人员。对地方政府控股或实际控制的地方金融机构，要严格落实资本金，设置控股比例控制标准，严禁股东不正当关联交易。

（四）严格风险管理，建立健全风险防范和救助机制

一是建立存款保险制度。目前，证券业、保险业都建立了风险救助基金。地方银行出现风险，基本上由地方政府担保，人民银行再贷款救助，有的由地方政府来救助，这种办法不是长久之计。为了银行业的安全，要下决心建立存款人保险和救助机制，国有控股的各大银行必须带头加入到这个体系中来。同时，鼓励有条件的地方探索建立存款保险基金。

二要明确金融风险处置各相关方面的责任。地方政府负责维护地方金融和经济稳定，对城商行、农信社等老机构存在的历史问题，要采取有效措施，限期解决，严防风险后移、扩散和激发。地方政府控股或实际控制的金融机构一旦出现风险，主要由地方政府负责处置。地方参股或没有股权关系的地方金融机构一旦发生风险，由地方政府牵头，组织股东和重组方进行有效处置。服务“三农”的新型农村金融机构，一旦出现风险，地方政府和发起人要共同分担救助责任，保障储户利益不受损失。

三要加强对创新产品、新型金融机构的风险管理。创新的金融品种如果出现风险，除发行方按规定承担责任外，终端销售方和其他关联方也要承担连带责任，例如地方信托公司通过银行发行理财产品，银行要承担关联风险责任。新型金融机构、准金融机构成立时就要严格把关，规范运作，防止“带病出生”。试点的金融机构要在试点取得经验、管理操作规范、业务模式成熟的前提下，稳步推广。

四要加强政府、金融机构和企业间协作，加强信息披露和共享。浙江辖内商业银行在实践中形成了“抱团增信”即政府组织多家担保公司为中小企业贷款提供联合担保的模式；还有“桥隧模式”即在担保公司、银行和中小企业之外，引入“第四方”（业界投资者、风险投资者、上下游企业），按这种模式约定，在企业无法偿还贷款时，由第四方购买企业股权、注入现金、偿还贷款，这不仅更好地满足了地方需求，而且也有效地分散了风险。它们的做法值得借鉴和推广。

（五）理顺地方金融管理体制

一要健全组织架构，强化地方管理职责。省级政府、计划单列市和地方金融发达的地市级政府要成立金融管理机构（如金融办、金融工作局等），履行拟定地方金融政策和金融发展规划，管理、协调、服务地方金融等职责。对地方国有金融机构，逐步做到管资产、管人、管事和服务相统一。北京、广东等法人金融机构集中的地区，要借鉴上海、天津的做法，建立金融党委或工委，可与地方金融管理机构合署办公，负责辖区内金融机构的党建工作。地方国有金融机构，可以党委书记和董事长“一肩挑”。非国有控股的地方法人金融机构，党委书记由地方党委与股东共同协商确定，地方党委要尊重股东意见，可以党委书记和监事长“一肩挑”。

二要进一步改革和完善农信社管理体制。总的要坚持农村合作金融的宗旨，坚持为“三农”服务。对农信社改制为银行的做法，要特别慎重。

省联社要加强服务职能，为农信社提供资金结算、资金调剂、产品研发、信息技术以及市场交易等服务，严格限制其经营上的冲动，将其有关管理职能交政府金融办。取消省联社行政级别并由省金融办（局）管理。

三要理顺地方管理和监管的关系。银行、证券、保险、信托等机构，按已有法规和方式管理。地方新型金融机构、准金融机构，既要严格纳入监管范围，又要切实加强政府管理，实行谁审批谁管理。要加强和完善政府金融管理部门和"一行三会"的联系机制，建立信息共享和沟通制度，建立风险预警通报制度以及联合处置风险制度。

（六）改革中央金融管理体制，加强和统筹全国金融管理工作地方金融机构在改制、发展和风险防范中的事务繁多，许多问题涉及货币政策、维护稳定，并与银行、证券、保险等行业交织在一起。

现在，地方政府的同志在向上请示汇报时深感不便，迫切要求中央有统一的管理和指导，即需要一个有权威的国家金融管理机构，来协调中央有关部门和地方政府的关系，统一发布有关金融政策信息和金融数据，指导地方金融工作。

2011年

政协第十二届全国委员会

【提案】

关于以产业的合理布局进一步促进我国东中西部区域合作的提案

连云港地处欧亚大陆桥的东端，直接连通我国西部纵深，同时又承北启南，并具有东部沿海的自然经济、文化特征。中央批准在连云港设立国家东中西部区域合作示范区，是高瞻远瞩的战略决策。近年来，江苏省和连云港市以建立区域合作示范区为契机，在深入推进苏北发展、沿海开发和深化与中西部地区合作方面做了许多有益的探索，取得了很多新的成就。国内外的经验证明，不同区域间产业的合理布局及其合作，是地区间合作和协调发展的精髓。如何以产业的合理布局来进一步促进我国东中西部的区域合作，有关建议及意见如下：

一、合理的产业布局是提升东中西部区域战略合作的必然要求

改革开放以来，随着市场经济的发展和经济规模的扩大，我国跨地区特别是东中西部之间的合作逐步深入，已由过去的跨地区商品贸易、互通有无为主，转变为跨地区的贸易和投融资并举、产业梯度转移乃至跨区域布局调整的新阶段。

我国地域辽阔，经济发展不平衡，自然环境、文化等方面的差异大，而且存在民族宗教问题。要缩小经济发展差异，共创和谐大家庭，除了国

家层面的政策指导、支持以外，跨区域的合作不可或缺。我们不能以地区之间的差距而强调各自发展的独立性，也不能满足一般的贸易，互通有无、调剂余缺。而是要站在面向未来，全面建设小康社会的高度，着眼全局来共同谋划东中西部之间的合作。借鉴现代化国家进行国际分工以及我国近三十年来产业梯度转移的经验，产业布局的跨区域合作成为必然。

首先，产业布局的合作有利于提高资源的配置效益。我国西部能源、矿产资源丰富，而在东部缺少这些战略资源。近年来，钢铁行业大面积亏损，日子难过，而酒泉钢铁公司业绩突出——今年上半年利润过7亿元，得益于它们有价格相对低廉、稳定的煤矿和铁矿石。酒钢的铁矿石中有1/3来自中亚，比东部钢企远涉重洋从巴西、澳洲买来的铁矿石要便宜得多。河西走廊和新疆、内蒙古等西部地区不仅煤、油气资源丰富，而且风能、太阳能资源也极为丰富。甘肃省目前风能装机容量已达550万千瓦，并率先启动了全国第一个千万千瓦级风电基地项目。它们在河西走廊风电基地利用低价电（每度不到0.4元）建起电解铝项目并后续生产铝合金，效益很好。这给我们的启发是，西部戈壁、黄土地，赤地千里，像风能、太阳能项目应主要瞄准那些地区，并解决这些电能上网东输问题，东中部上这些项目一定要审慎，弄不好，风能、光伏能利用的设备把鸟类都吓跑了。当然，东中部应根据人才密集、自然环境较好的优势，多发展信息、生物、精密制造等产业。

其次，区域之间合理的产业布局有利于缓解乃至解决各自的发展瓶颈问题。我们过去乃至今天还看到一些地区之间不协调的现象：东部沿海的棉纺厂调不到内地的棉花，因棉区要办小规模的棉纺厂。当然现在不存在这种现象了，因为国际上的棉花价格已低于国内价格。我国东部和南方经常缺电，原因是北方的煤价和电厂谈不拢，同时还有交通运输瓶颈问题。就公路来看，地区之间结合部的路经常不通，成为运输和制约一个地区发展的瓶颈。国家从大局考虑投资实施西气东输、南水北调等重大项目，解决了东中部能源、北方用水的大瓶颈问题。东中西部相互之间，要通过产业布局合作，统一筹划，共同搭建物流集散、生产要素公共交易、人员相互交流平台，来解决发展中的难题，化解地区之间的利益矛盾和纠纷。

最后，区域之间合理的产业布局有利于解决我国东中西部发展不平衡问题。改革开放以后的较长时间内，我国东部地区发展一直快于中西部，拉大了东部与中西部的差距。近几年来，在国家实施西部大开发政策的指引下，西部发展已快于东部和全国平均水平，但发展不平衡的问题仍很突出。这几年西部发展快，很大程度上得益于西部资源多而且价格上涨幅度大，同时国家在西部进行固定资产投资的力度大于中东部，这种发展速度是不可能持久的，必须对西部进行产业扶植，增强其造血功能。要通过东中西部的产业合理布局，引导能源的生产和深度加工以及高耗能产业适度布局在西部地区，增强西部的经济实力。

二、东中西部产业布局合作应把握几个问题

（一）政策作引导，企业为主体。跨区域间的产业布局合作需要政府引导，政府也很愿意引导，而且往往很积极主动，以至于各种洽谈会、招商会、合作论坛在地方政府主导下遍地开花，不同区域间党政领导的互访也目不暇接，因为政府这只闲不住的手越来越闲不住了。但是，政府只能搭桥、建平台，唱戏要企业。只有企业为主体，产业布局的合作才能实质性地启动，才能开花结果。要发挥企业群体的集群效应。相关区域不仅要调动本地企业参与产业布局合作的积极性，还要吸引外地企业、中央企业参与，特别要调动民营企业的积极性。要注意组织产业的相关领域和上下游企业的联动，在企业注册、税务筹划、用地、金融服务方面，政府有关部门要帮助解决实际困难，政府要制定好规划和政策，由企业决策并组织实施。

（二）既要坚持市场化运作，又要确立东部支持帮助西部的原则。在市场经济条件下，区域之间的合作尤其是产业布局合作，一定要按市场经济规律办事。就产业布局合作来说，一方面，下游产品按市场价格销售，上游原材料也按市场价格从市场获取。当然，另一方面，市场要受到政策的宏观调控。近年来，政府的调控力度大，不少地方反映“市场调节的这只手越来越看不见了”，我们调控的手段要不断改进和完善。我们在强调按市场规律办事的同时，要面对我们国情，让东部支持、扶持西部的思想

深入人心。过去我们在很长一段时期实行让一部分人先富起来的东部优先发展战略，一些优惠政策给了沿海或让沿海率先试点，在政策层面违心地拉大了东部发展和东西部人均收入的差距。现在，东部应支持、反哺西部。为增强西部的造血功能，必须在产业布局上进行合作，鼓励东中部的企业和中央企业在西部建立龙头企业和法人实体，尽量把税源和其他好处多留一些到西部。即使在西部的企业一时亏本不赚钱，也应看作是尽了社会责任。当然，西部地区要有优惠政策和良好服务确保来这里创业发展的企业赚钱、产业兴旺。

（三）以开发区为载体，以战略性新兴产业和区域的优势产业为基础和龙头，进行区域布局的合作。现在，我国东中西部都设有许多层次不同、功能有差异、规模不等的经济技术开发区、产业园区，从而为东中西部区域产业布局合作打造了诸多平台，形成了新的载体。许多开发区功能比较齐全、服务也逐步规范、管理也正在提升。产业布局合作中的企业应首选开发区。各地的开发区要根据不同的产业特点，划分不同的功能分区，如能源区、化工区、电子信息产业区等，形成集聚效应和竞争态势，不争规模、凑企业入园户数，而是讲求质量，让企业进得来、留得住、发展有后劲。要纠正和防止借办开发区之名搞土地、房地产开发，防范开发区土地储备过量、基础设施过度超前而负债过多。

（四）坚持统筹规划，优势互补。产业的形成是一个长期发展的过程，产业布局的区域合作要着眼长远和全局。国家有关部委要加强宏观指导，对区域产业布局统筹规划。现在的问题是，有关各类功能区规划、各大产业规划很多很杂，据不完全统计，各种区域规划已有60多个，但各地还在努力争取国家级的区域规划，一些地方官员说，许多地方还不如我们区域都列入了国家级区域规划，我们不争取无法向当地人民交代。现在要加强区域之间规划、不同产业规划之间的统筹，区域间互相了解对方的长期战略优势，通过布局合作达到优势互补。要结合有关案例反思有关产业布局不合理的问题。例如，这些年来核电项目在内地布局了不少，有的已投入了几十亿元进行了前期开发，现在又要调整布局，损失惨重。可见产业布局上的失误是宏观经济决策上最大的失误，要尽力避免。在区域布局合作中必须坚持环保国家标准，不能将环保不达标的项目进行异地搬迁。

（五）以改革的办法和开放的思路解决区域布局合作中的新情况、新问题。区域之间产业布局的合作，不仅涉及产业政策，还涉及管理体制和经济利益、区域之间的GDP计算和地区形象等问题，解决这些矛盾和问题，要有新的思路。首钢搬迁到河北唐山曹妃甸，就与企业改制、产品升级换代结合起来进行，京冀两地出台优惠政策，企业从长远和战略考虑，坚持新机制、高起点，几年时间就在海滩建立起一座钢铁新城。我们东方资产公司参与重组的东北特钢项目，更是在央企的支持下，辽宁和黑龙江两地合作，由辽宁特钢重组设在齐齐哈尔的北满特钢，新组建东北特钢，不仅救活了齐齐哈尔一家最大的国企，而且使特殊钢材产品的布局在东北辽黑两省得到优化，做大做强了东北特钢。这给我们进行区域间产业布局的启发是：在涉及合作双方的利益分配时，事先组建股份制企业，在中介机构的帮助下明晰各自的产权和股份，建立良好的法人治理，事后按股份分利，涉及企业注册地即纳税方面的纠结时，要充分尊重并适当照顾资源、原材料输出地的利益诉求。规模较大的企业，可以在投资来源地（如东、中部）设母公司，而在投资目的地（如西部）设子公司和合资公司，做到优势互补，利益均沾。此外，在用人问题上也要更新观念。兰州新区推行候鸟型人才新机制就很有创意。为吸引东部人才到兰州，他们不沿用过去转户口、给子女就业等政策，而是给引进人才建公寓，提供各种服务，方便他们及家人按项目需要而不定期居住、工作。

三、促进东中西部产业布局合作的政策建议

跨区域的产业布局合作，无论是产业梯度转移搬迁，还是异地新办企业，都需要政策引导和支持。国家有关部门要加强宏观指导，将西部大开发、中部崛起、振兴东北老工业基地以及东部沿海加快发展的政策、有关产业发展方面的政策，在布局合作方面得到落实。

（一）国家要加大投入，加快跨区域大通道的建设。我国东中西部跨度大、资源互补性强，各主要大通道建设虽初具规模，但远不适应经济社会发展和产业布局合作的新要求。就能源大通道来看，东中西部即东西走

向的运煤通道、输电通道发展慢，成为大瓶颈。煤炭运输中，有五亿吨是靠汽车在公路运送，既不经济，还把许多高速公路压坏了。河西走廊和新疆的风电、光伏电发展迅猛，但由于电网输变电线路的制约，影响这些清洁能源的发展，即使发了电也送不出去。铁路通道也远远跟不上发展需要，西部铁路中只有青藏铁路是国家财政拿钱，其余靠铁道部投融资，远远不够。无论是能源通道还是铁路、公路、输气通道，在国家加大投资力度的同时，央企要加大这些项目的工作强度，同时要大胆面向社会融资，允许民营资本进入。

（二）支持办好连云港东中西部区域合作示范区。为了避免产业布局中的盲目性，积累经验，区域合作示范区的建设十分重要。示范区要坚持“立足连云港、依托大陆桥、服务中西部、面向东北亚”，尽快建成东中西部产业合作示范基地。省、市要为示范区建设继续打造良好的法治环境和文明生态环境，国家有关部门重点在用地政策、财税政策、产业政策和金融服务体系建设等方面给予示范区大力支持。

（三）对产业布局在东中西部实行差别化的政策。一是在发展的速度上，应让西部地区的发展速度更快点。鉴于西部本身的消费和出口拉动规模较小，容量有限，要让西部发展得快，必须要加大投资力度，也就是说在投资的增长上，西部一定要快于东中部地区。二是产业政策上，东中西部应有差别。有些产业，只要符合环保、节能条件，没有在产业发展目录内的，西部有的省区就可以布局。例如盐，全国整体上是限制的，但在青海就可以发展。过去青海盐湖不敢开发，现在钾开发了，锂也只有这里有很好的条件，就应支持青海搞化工和钾、锂的开发。又如风电和光伏发电，东中部的条件不如西部优越，东部在海上发展风电可以，但在平丘区要审慎，快了不行；而西部无搬迁，风电、光伏发电都可以发展快点，同时电网建设应跟上。三是在碳排放指标和节能减排的考核方面，西部与东中部地区要有较大差别，坚持实事求是、因地制宜，具体到单个企业，要按国家标准不能降低，但在排放总量和排放量与GDP的比例上，其考核不能按东中部的思路和计算方法，要差别对待。四是在税收政策上，要向能源、资源输出地倾斜，帮助西部地区增强发展后劲。同时，支持关联企业进行重组，实现集团化经营，以便充分享用营业税改为增值税的政策，东部地区这种情况较多。

（四）建立人才伴随产业布局调整合理流动的新机制。在产业布局的区域合作进程中，需要大量各类人才，而且伴随有大批人才跨区域流动。随着我国城镇化水平的提高，交通、通信条件的改善和户口制度的改革，人才流动与家庭搬迁不要画等号。在人才政策上应突出事业留人和项目奖励以及企业股权、期权激励。为适应这种趋势，现行个人所得税制度应进行改革，减轻税负，让项目激励和企业股权分红、转让等收入真正起到对人才的激励作用。

2013年

关于深化金融管理体制改革的提案

近年来特别是十八届三中全会以来，金融行业的改革发展出现了许多新变化。传统的银行、证券、保险业正在转型，谋求新的经营思路，加强对实体经济的服务；互联网金融方兴未艾，产生的各种新技术和产品层出不穷；小微金融在全国各地发展迅猛，影子银行风生水起，等等。此外，货币政策利率市场化乃至人民币国际化进程中也面临许多新情况、新问题。这些都对现行金融管理体制提出了挑战，主要是：监管规则和手段滞后于金融创新；不同监管部门之间信息互通不畅；事前审批过多、过严，不利于创新业务和小微金融发展；地方监管缺位等等。

党的十八届三中全会要求落实金融监管改革措施和稳健标准，完善监管协调机制，界定中央和地方金融监管职责和风险处置责任。根据十八届三中全会精神和金融业面临的新情况，下一步金融管理体制的改革要把握以下几点：一是处理好金融监管体制改革与金融稳定的关系，管理体制的改革创新一定要守住防范系统性风险的底线。二是确保逐步让市场在金融资源的配置中起决定性作用，同时更好地发挥政府作用，主管监管部门要敢于放手取消一批行政审批事项，改进市场准入制度，做到“宽进、严管、重罚”。三是监管部门之间建立信息互通、人员互动、监管成果互享的机制。四是处理好中央和地方的关系，构建中央和地方双层金融监管体系，中央监管机构适当放权，调动地方监管的积极性。建议如下：

一、充实完善以中央银行牵头的金融监管协调机制

现行的金融监管协调机制是在以前部际协调会议制度基础上建立起来

的，而且不触及银行、证券、保险分业监管的职责权限，虽然有一定成效，但没有权威性和约束力，必须充实和完善，可以分两步改革：第一步，借鉴精神文明委的方式，将协调机制做实，改名为中央金融监管指导协调委员会，与中央银行合署办公。在国务院已明确职责的基础上，当前明确行使以下职能：统一指导地方金融监管，组织制订中央和地方金融发展规划；统一监管互联网金融业务；统筹金融消费者保护制度，包括存款保险制度、证券期货投资者保护制度和保险保障制度。第二步，适当整合一行三会的金融监管职能，按大部制原则并借鉴发达国家经验做法，在金融监管指导委员会的基础上单独组建设立国家金融综合监管机构。

二、建立健全地方金融监管机构

近几年，小额贷款公司、融资性担保公司等法人机构在全国各地纷纷设立，而且发展势头迅猛，迫切需要加强地方金融监管。要加快制定地方金融监管的法规，将各地的金融办、金融工作局统一更名为地方金融监管厅（局）。指导地方金融监管机构按两步走开展工作：第一步，切实负起责任，监管好各地的小额贷款公司、融资性担保公司、资金互组社等小微金融机构，同时将分散在地方发改委、经信委、商务部门管理的典当行、融资租赁公司、区域性产权股权交易平台、保险经纪公司统一交由地方金融监管局监管。第二步，在修改好商业银行法等金融法律法规并实施的基础上，将现行由中央金融监管机构监管的农村信用社、村镇银行以及其他区域性中小金融法人机构，交由地方金融监管局监管。地方金融监管机构能否管好农信社等机构，关键在于地方政府要具备承担风险的责任和能力，有处置风险的手段，做到监管的权力与处置风险的责任相统一。

三、在国有独资或控股的大型金融机构进一步深化混合所有制改革

金融行业各大型银行、大型保险公司，虽然都股改上市，成为公众公司，从形式上已是混合所有制经济，但一股独大、事实上垄断经营带来的问题十分突出，真正现代企业制度意义上的法人治理形同虚设。同时，四大国有银行股改上市过程中两次剥离不良资产所留下的巨额亏损包袱约近

二万亿元，至今分别挂在财政部和人民银行的账上由其兜底。要从制度上解决金融业尤其是大银行的垄断经营、完善法人治理，同时又化解历史包袱，还可适当补充社保基金，有效途径之一就是对国家控股的大型金融机构进一步深化混合所有制改革，逐步大幅度降低国有股的持股比例。

当前，各大金融机构尤其是大型商业银行经营的业绩很好，可是在资本市场上的股价却处于低价位徘徊，政策性金融机构也在转型，这是引进社会资本、深化混合所有制改革的好机会。建议选择两家大型银行和一家大型保险公司、一家国有控股的证券公司试点，将上述试点银行、保险公司和证券公司的国有股比例降为50%左右。国有控股金融机构的国有股大多由中央汇金公司（中投公司的子公司）代持和管理，在深化混合所有制改革、进行法人治理结构的设计时，应一并考虑调整和完善中投公司的管理方式，如果设立金融国资委，那么中投通过汇金控股国有金融机构的模式就要重新考虑。

另外，四大金融资产管理公司改革发展的势头强劲，其多元化经营已成为金融行业新宠。信达资产公司在香港上市和东方、华融资产公司向社会发债的效果很好，说明市场已广泛认可金融资产公司的品牌和经营。建议除已在香港上市的信达公司外，其余三家都可有步骤地着手进行混合所有制改革。国有股退出的收益可以部分偿还人民银行再贷款和弥补财政部分亏损。

2014年

关于加快央产经济适用住房上市交易的提案

全国各省市经济适用住房均可上市交易流通，但央产经济适用住房至今不能上市交易，既违背了中央有关文件精神，也损害了购买央产经济适用住房这部分公务员群体的合法权益。建议有关部门尽快研究出台相关文件和实施细则，推进央产经济适用住房上市交易。

一、我国住房制度改革极大地推进了住房市场化发展

我国从20世纪80年代初开始住房制度改革，经过多年探索，1998年7月国务院发布《关于进一步深化城镇住房制度改革加快住房建设的通知》（国发〔1998〕23号），决定1998年下半年开始停止住房实物分配，逐步实行住房分配货币化。至此，我国实行了近40年的住房实物分配制度从政策上退出历史舞台。

2003年8月国务院发布《关于进一步深化城镇住房制度改革加快住房建设的通知》（国发〔2003〕18号），对国发〔1998〕23号文进行了修正，将其中“建立和完善以经济适用住房为主的多层次城镇住房供应体系”改变为让“多数家庭购买或承租普通商品住房”，同时将经济适用房的性质重新定位为“是具有保障性质的政策性商品住房”。18号文的出台将大多数家庭的住房推向了市场，实现了我国住房市场化的根本转变。

2007年11月，建设部等6部委联合下发关于印发《经济适用住房管理办法》的通知（建住房〔2007〕258号），第三十条规定：

“购买经济适用住房满5年，购房人上市转让经济适用住房的，应按照届时同地段普通商品住房与经济适用住房差价的一定比例向政府交纳土

地收益等相关价款，具体交纳比例由市、县人民政府确定，政府可优先回购；购房人也可以按照政府所定的标准向政府交纳土地收益等相关价款后，取得完全产权。”“上述规定应在经济适用住房购买合同中予以载明，并明确相关违约责任。”

随后，许多省市按照建住房〔2007〕258号精神，下发实施了经济适用住房上市出售相关规定。如北京市建委等4部门联合下发《关于已购经济适用住房上市出售有关问题的通知》（京建住〔2008〕225号），规定：“已购经济适用住房家庭取得契税完税凭证或房屋所有权证满五年后，可以按市场价出售所购住房。”按照通知精神，2008年4月之前签订购房合同的已购经济适用住房，取得契税完税凭证或房屋所有权证满五年后，可以按市场价格出售，产权人应按出售价格的10%补交土地收益等价款。2008年4月之后，已购经济适用住房家庭取得契税完税凭证或房屋所有权证满五年后，可以按市场价出售所购住房。产权人应按原购房价格和出售价格价差的70%补交土地收益等价款。

2013年5月，北京市住建委下发《关于规范已购限价商品住房和经济适用住房等保障性住房管理工作的通知》（京建法〔2013〕10号），再次明确：“按照《关于已购经济适用住房上市出售有关问题的通知》（京建住〔2008〕225号）规定，已购经济适用住房取得契税完税凭证或房屋所有权证满五年可按市场价格上市出售。”

二、央产经济适用住房有关情况和存在问题

从实施住房改革开始到2003年，中央国家机关各单位职工基本都是按照成本价购买住房。2003年8月国务院机关事务管理局和中共中央直属机关事务管理局共同下发《中央在京单位已购公有住房上市出售管理办法》（国管房改〔2003〕165号文件），央产房于2003年10月可以正式上市交易。按相关政策，按成本价购买的住房均可上市出售。

从2004年开始，部分中央机关（中管机构）按照经济适用房价格出售住房。其中有三个问题：一是不少单位在调整新分购住房时，要求职工将原按成本价购买的房子交回单位，折价抵扣后按经济适用住房价格购买新

分购住房，新购住房性质也由成本价房变成了经济适用房，职工原有成本价购房的收益被侵蚀。二是2004至2007年经济适用住房售价与市场价相近。如2005年非新建的央产经济适用房价格约为每平方米3500多元，当时同等条件的二手房市场价大约每平方米4000元左右。三是买房时单位房管部门明确表示，央产经济适用住房与成本价住房一样可以上市交易，购房合同中也没有写明央产经济适用房不能上市交易。

据2004年2月5日新华网报道："来自国务院机关事务管理局央产房交易办公室的消息，继央产房上市交易之后，同属央产房系列的央产经济适用房也将于2004年内上市交易。""但目前央产经济适用房上市的相关政策和细则均尚未出台，相关档案也未建好。"

"由于央产经济适用房具有多重特点，既有央产房的特点，又属于经济适用房范畴，性质较为复杂。其上市方式究竟是根据已购公房上市政策还是参照经济适用房标准，一直未有定论。现在已确定其上市操作方式应参考北京市经济适用房的总体政策，按照北京地区的指导价格规范操作。"时至今日，已过了整整11年，但相关政策和细则迟迟没有出台，导致央产经济适用住房不能买卖、过户、抵押、继承，成了"死房子"，房主只有使用权。

三、央产经济适用住房应尽快上市

近10年来，全国房地产价格迅速飙升，北京房价居全国之首。因种种原因，许多单位也不再为职工提供经济适用住房等价格优惠的住房房源，公务员想靠低水平的工资买房难于登天。为改善住房条件，不少老职工想卖掉原有较小或地点不理想的住房，换购更合适的住房，但因原有住房是央产经济适用房不能上市交易，再加上近年来国家实施房地产宏观调控政策，对家庭二套住房采取许多限购措施，使得中央国家机关公务员的换房心愿更加难以实现。

中央国家机关公务员与省市公务员一样都是我国的公务员，在经济适用住房上却执行两种不同的政策是不公平的。2015年开始，国家将对不动产进行登记，职工已购住房应该同性质同权益。为此建议：按照同城同政策的原则，参照北京市的有关规定，尽快出台央产经济适用住房上市交易实施细则，推进央产经济适用住房上市流通，允许符合条件央产经济适用住房买卖、过户、抵押、继承或置换，打掉阻碍住房市场化改革的最后一个堡垒。

2015年

关于突破小贷制度瓶颈、加快普惠金融创新的提案

小额贷款公司兴起于2008年，在随后五年一直保持高速增长。2010—2014年，小贷公司的数量增长了近5倍，贷款余额增长了近3倍。但2014年之后，小贷行业开始走下坡路，到2016年末甚至出现“双降”格局：全国共有小贷公司8673家，较2015年末减少137家，贷款余额9273亿元，较上年同期减少131亿元。

小贷公司的经营困难固然与国家整体经济放缓有关，但与其自身的法律地位不清晰密切相关。根据我们的调查，很多小贷公司专注服务于小微企业、个体工商户和农户市场，取得了很好的业绩。比较突出的有东方邦信、中和农信、东方惠民、瀚华小贷及南充美兴等。这些小贷公司各具特色，但也都面临着政策约束和制度瓶颈。

一、法律定位成为制约小贷行业发展的核心问题

按照现行规定，小贷公司不属于金融机构，是经营特殊商品的股份制企业，但小贷公司所从事的又的的确确是贷款业务。这种法律定位和实际业务的错位，导致小贷公司在实际经营中面临诸多问题。首先，小贷公司无法享受相应的金融政策。例如，一些地方不能为从事房产抵押类业务的小贷公司办理抵押登记。还有很多省市对于发放中小企业贷款和小额农户贷款的金融机构有定向贴息及风险补偿金等，而小贷公司一方面由于被定位为非金融机构，无法办理相应的业务，无法享受相应的政策补贴。另一方面，在同一个金融市场，从事与其他金融机构相同的业务，市场地位失衡。其次，监管标准不统一。例如“营改增”之后，税收负担加重。按照

原有“营改增”之前的政策，小额贷款公司属一般工商企业，需缴纳的税项包括5.56%的营业税及附加税、25%企业所得税，以及自然人股东20%的股东分红个人所得税，税负约占营业收入的30%。而在“营改增”之后，税务部门将小贷公司定位为非金融机构的其他服务业，但在征税时，按照金融机构6%的标准来执行。但是，由于小贷公司的增值税可抵扣项目很少，导致小贷行业普遍的税负增加。最后，跨区域经营受到限制。根据《关于小额贷款公司试点的指导意见》，申请设立小额贷款公司，应向省级政府主管部门提出正式申请，经批准后，到当地工商行政管理部门申请办理注册登记手续并领取营业执照。大部分小贷公司的业务局限于一市，甚至一区、一县。小贷公司业务集中在一个相对较小的行政区划内，发展空间有限，且竞争压力巨大，对于小贷公司的业务发展及分散风险十分不利。

二、建议：确认小贷公司的金融机构地位，并采取适应小贷公司特点的监管政策

第一，小贷公司的实际业务为贷款业务，其金融属性不容否认，建议尽快确认小贷公司的金融企业地位，给予小贷公司在开展业务的过程中，享受金融企业应有的待遇和身份。

第二，对于仅从事贷款、不经营存款的小贷公司来说，其社会贡献大、风险外溢小，建议政府监管部门采用非审慎性监管原则。在监管工作中重点看住三条底线：一是不得非法集资，二是不得高息放贷，三是不得暴力催收。对于处于不同发展阶段的小贷公司可以采用分类管理、分层指导的原则，本着支持和鼓励小额贷款发展的思路进行支持与监管，消除制度障碍。

第三，建议人民银行、银监会等部委按照实事求是的原则，尽快推进修改后的《小额贷款公司管理办法》《非存款类放贷组织条例》下发实施，让地方金融监管部门有法可依，让小贷行业看到希望，促其发展，切实做好小、微、农金融市场的供给侧改革，从根本上解决中小企业及农村地区贷款难、贷款贵的问题。

第四，建议形成银监会与地方金融办或其他小贷行业监管机构的沟通协调及联动机制，统一对小贷公司的各项监管尺度及监管范围。对于小贷公司的商业化经营行为在合理合法的范围内给予自主经营的空间，对于各项业务行为给予标准化、统一、明确的监管标准。

2017年

对互联网金融由适当宽松的监管转为审慎监管的提案

近几年，蓬勃兴起的电子商务催生了互联网金融新业态，同时对金融服务和创新提出了一系列新需求。金融的创新和互联网金融的发展又促进了电商的繁荣，也对电商中金融活动的风险防范提出了挑战。

电商和互联网金融发展的初创时期，主管和监管部门本着包容并实施适度宽松的监管政策，初具规模的少数电商抓住机会，经过批准开展第三方支付、网络贷款、大数据征信、互联网保险以及微信支付等业务，对促进普惠金融、方便民众以及政务管理和智慧城市建设，都显现出意想不到的经济和社会效果。而且其服务方式和产品的创新仍方兴未艾，一部手机走遍天下正在成为老百姓的现实。

电商及其金融业务的快速发展中也暴露一些问题，主要在以下几方面：一是电商发展快，交易量巨大，对金融服务需求迫切，跨界、综合业务拓展快，监管跟不上。以阿里旗下的蚂蚁金融服务集团为例，客户总数超过5亿，去年“双十一”一天，支付宝支付总笔数10.5亿笔，同比增长48%，成交额1207亿元。同时，有世界上18种货币参与支付交易。腾讯公司的手机微信客户和支付笔数，更是无人能及。如此天量的金融业务在短时间内聚集，稍有不慎，则满盘皆输。二是提供金融服务的主体对远程跨区域开户需求强烈，而对电子商务的客户身份识别和信用状况的评估存在一定技术上的困难。即使阿里巴巴、京东这样的电商大佬，虽然可以利用大数据来提供技术支撑，但也因其提供的小额贷款和第三方支付业务分别属于银监会和人民银行监管，碰上纠纷，很难在极短时间内协调解决。许多假货退货难的症结就在退款难。三是现有征信体系中，个人征信情况很难查询。四是对电商商业保险的保障功能在电商中开发不够。五是一些为电商服务的支付机构占用客户备付金购买理财产品或其他高风险投资，未经批准开展理财和场外资金证券化。有的还与地方资产交易所、信托公司合作，代销理财产品。最近媒体披露，某知名电商以高收益为诱饵，引导原本只在电商平台购物的消费者先行购买地方资产交易所的理财产品，并许诺以理财收益偿还信托贷款。这种复杂的交易隐藏风险并涉嫌违规。

金融业本身是经营风险的行业，而以电子商务为背景和载体的互联网金融业务，其受众和跨界广，风险的隐蔽性、突发性强，传染性大。这类业务在规模小、客户少的情况下，采取适度宽松的监管，为其留有创新的空间和余地是对的；而当其业务规模很大、涉及到数亿人切身利益的时候，我们的监管必须分类，对有的机构和业务从严，坚持审慎监管，守住不发生系统性、地区性风险的底线。为此建议：

商务部门牵头制定指导性文件，统一协调金融等相关部门，按各自分工、互通信息、相互配合，有效监管，促进电商规范发展。电子商务和金融都是服务实体经济的第三产业，其发展总体上是从消费侧发力，要适度控制自身发展的规模和速度。尤其是互联网金融，经过了几年的疯狂生长和快速发展，现在要坚持稳中求进，在防守住风险的前提下创新发展。有的电商金融企业刚涉足支付清算不久，就搞网上贷款，接着又代客理财、涉足资产证券化。既无经验，又无人才储备，这种冲动要遏制。要重点加强互联网支付和网络借贷的监管。互联网支付机构应始终坚持服务电子商务发展和提供小微支付服务的宗旨，落实客户备付金集中存管和支付期限规定，建立有效的风险隔离和客户权益保障机制。严禁超限额服务，严审跨界服务和借道理财、委托理财，严防交叉感染和风险渗透、聚集。为电商服务的金融机构，要有效识别客户身份，主动监测报告可疑交易，防范洗钱等金融犯罪。

另外，根据审慎监管的原则，在有效防控风险的基础上，支持有条件的商业性金融机构通过手机等移动终端发展二维码支付，方便百姓日常生活和小微企业经营活动，逐步减少现金流通。

2017年

关于金融业要坚守并完善为实体经济服务的经营模式的提案

我国货币投放和流通的总量很大，但实体经济融资难、融资贵的问题反映多年，中小企业尤其是民营企业反映强烈。各金融机构主要是各商业银行也都想了很多办法，总是效果不佳，究其原因，我们要从改革开放以来，金融机构体系在向市场经济转型的模式中去寻找，发掘金融为实体经济服务的原动力或内在动力。

分析现阶段金融机构特别是各商业银行的经营模式或持续盈利模式，普遍存在以下几种现象：一是资金在各相关金融机构即同业之间内部转动多。银行资金搞同业拆借存放，规避单一客户贷款规模风险；银行和非银行金融机构搞过桥贷款、委托贷款、变相扩大信贷规模；银行与信托、证券公司、基金公司合作配资，撬动股市。保险资金也越来越多地进入资本市场等等。二是资金在一个金融机构内部循环多。现在大一点的金融机构都已成为控股集团，有的成为全牌照的金融控股集团，还有的设有房地产公司和多个投资公司。集团内部多种各类业务相互配合，其实就是资金的相互融通、自我循环。三是金融机构为追逐利润，以自身方便的条件以钱炒钱的多。现在多大银行都设有资金市场部或叫全球市场部，这个部门全天候上班，集中有大量资金，炒外汇、炒黄金、炒货币市场资金，这个部门集中银行精英，特别考核、制造利润高、收入高。四是金融系统资金用于房地产多。根据央行公布的数据：2016年新增居民中长期贷款5.68万亿元，占新增贷款总量的45%，如果加上房地产企业贷款和各种为房地产项目的信托资产管理和资本市场融资，房地产行业的融资总量超过全社会间接融资的一半，并占据直接融资的相当比重。

当然，金融机构面向市场进行资金的配置，在系统内部有一定比例的周转调剂，用一定比例的资金在金融市场（主要是货币、外汇、黄金、债权）作投资，同时根据产业政策的导向有一定比例资金投向房地产，这是正常的，现在的问题是这些资金偏离太多，数量很大，挤占了实体经济，尤其是先进制造业、现代农业和新技术产业的融资空间，因而实体经济融资难。同时，这些资金自我循环和用于房地产的炒作，抬高了资金成本，引起实体经济融资贵。为了扭转这个局面，金融行业多类商业性服务机构，要以服务实体经济为基本任务，坚守并完善为实体经济服务的经营模式。

（一）明确为实体经济服务，既是金融业生存发展之道，也是其最基本的社会责任。办企业有经济责任，否则没法生存，更有社会责任，而且这种责任不仅是从利润中拿几个钱去搞社会公益，更是要在企业的经营指导思想上明确自己的定位，金融业的定位就是为实体经济服务的第三产业。要适用宏观经济政策和适当的行政手段，引导金融与实体经济协调发展，在社会上取得大致相当的平均利润率和投资回报率。一旦出现实体经济普遍经营困难而金融业普遍盈利较高的不平衡现象时，应及时运用利率、费率、财政税收等手段进行调节。要研究调整现行的工商注册商事制度和金融监管法规，根据金融服务实体经济的需要，进一步明确经营范围。

（二）改进和完善现行对金融业的考核激励机制。对金融机构主要是商业银行出现不良资产甚至资产损失时，要区别对待。为实体经济发放的贷款，如因政策、灾害、发生案件等原因而非个人或经营者的过失时，应对经营、经办者免于处罚。主管、监管部门要制订专门针对金融机构服务实体经济的考核指标体系，不能简单用贷款指标代替。严禁贷款进入股市和进入楼市炒房。对贷款中超过一定比例用于房地产业的金融机构，提高其准备金率。适当限制资金在同业循环。对证券业中的融资融券规模也要适当限制。对保险资金投资从严审批。

（三）分别制订债转股、投资联动的法规和办法，帮扶符合条件的实体经济。明确银行进行债转股的对象是经营有前景、产品适销对路而因债务较高发生暂时困难的实体企业；开展投贷联动的是有关部门推荐的科技创新型企业。以上两项措施要有有关法规指引和制度安排，进入市场化、常态化。

（四）隶属于金融机构的房地产公司，应限期退出。一些国有企业和金融企业多年来有一个受众人批评的现象，即涉足房地产业，而且在城市土地竞拍中拿地王，助推房价。房地产是占用资金大的产业，金融机构不宜直接经营，已经经营特别是在资本市场上市的房地产公司，应按市场规则，限期有序转让退出。

（五）安排组织金融机构重点是国有金融机构的业务骨干，分期分批去实体企业（主要安排到工业、农业、科技创新型企业）去挂职，让他们熟悉实体经济经营特点。培养与实体经济交流互动。现在普遍存在的是，金融部门抽调干部去各级行政机关挂职补充经历，这种做法应改变。

2017年

加强电子商务中金融活动的审慎监管，促进电子商务健康发展的提案

近几年，蓬勃兴起的电子商务催生了互联网金融新业态，同时对金融服务和创新提出了一系列新需求。金融的创新和互联网金融的发展又促进了电商的繁荣，也对电商中金融活动的风险防范提出了挑战。

电商和互联网金融发展的初创时期，主管和监管部门本着包容并实施适度宽松的监管政策，初具规模的少数电商抓住机会，经过批准开展第三方支付、网络贷款、大数据征信、互联网保险以及微信支付等业务，对促进普惠金融、方便民众以及政务管理和智慧城市建设，都显现出意想不到的经济和社会效果。而且其服务方式和产品的创新仍方兴未艾，一部手机走遍天下正在成为老百姓的现实。

在传统金融服务比较薄弱的广大农村，电子商务和互联网金融以线上线下相结合的方式提供服务，深受农民欢迎。例如，河北雄县一位女青年叫盛巍，大学毕业后在外工作了几年，两年前回村后，成了阿里巴巴在雄县的“村淘合伙人”，而获得阿里电商网上开放接口，销售本地帽子等产品，一个月流水十多万元。接下来，蚂蚁金融服务集团根据她的身份信息和信用状况，以“旺农贷”产品方式，给了她3万—6万元的“村淘掌柜金”，帮人在城里买东西，成了当地小有名气的小掌柜。一位70多岁的老奶奶，一个高压锅垫圈用了七八年，不敢换，怕假货，也不知上哪儿买真货，后来找到盛巍，很快其货送上门了。

电商及其金融业务的快速发展中也暴露一些问题，主要在以下几方面：一是电商发展快，交易量巨大，对金融服务需求迫切，跨界、综合业

务拓展快，监管跟不上，被电商巨头拥抱着向前走。以阿里旗下的蚂蚁金融服务集团为例，客户总数超过5亿，去年“双十一”一天，支付宝支付总笔数10.5亿笔，同比增长48%，成交额1207亿元。同时，有世界上18种货币参与支付交易。蚂蚁金融服务集团的支付宝和腾讯的财付通（包括微信支付）总计占非银行第三方互联网支付市场交易份额的60%以上，占第三方移动支付市场份额的89%。如此天量的金融业务在短时间内聚集，稍有不慎，则满盘皆输。二是提供金融服务的主体对远程跨区域开户需求强烈，而对电子商务的客户身份识别和信用状况的评估存在一定技术上的困难。即使阿里巴巴、京东这样的电商大佬，虽然可以利用大数据来提供技术支撑，但也因其提供的小额贷款和第三方支付业务分别属于银监会和人民银行监管，碰上纠纷，很难在极短时间内协调解决。许多假货退货难的症结就在退款难。三是现有征信体系中，个人征信情况很难查询。四是对电商商业保险的保障功能在电商中开发不够。五是一些为电商服务的支付机构占用客户备付金购买理财产品或其他高风险投资，未经批准开展理财和场外资金证券化。有的还与地方资产交易所、信托公司合作，代销理财产品。最近媒体披露，某知名电商以高收益为诱饵，引导原本只在电商平台购物的消费者先行购买地方资产交易所的理财产品，并许诺以理财收益偿还信托贷款。这种复杂的交易隐藏风险并涉嫌违规。

金融业本身是经营风险的行业，而以电子商务为背景和载体的互联网金融业务，其受众和跨界广，风险的隐蔽性、突发性强，传染性大。这类业务在规模小、客户少的情况下，采取适度宽松的监管，为其留有创新的空间和余地是对的；而当其业务规模很大、涉及到数亿人切身利益的时候，我们的监管必须分类，对有的机构和业务从严，坚持审慎监管，守住不发生系统性、地区性风险的底线。为此建议：

（一）商务部门牵头制定指导性文件，统一协调金融等相关部门，按各自分工、互通信息、相互配合，有效监管，促进电商规范发展。电子商务和金融都是服务实体经济的第三产业，其发展总体上是从消费侧发力，要适度控制自身发展的规模和速度。尤其是互联网金融，经过了几年的疯狂生长和快速发展，现在要坚持稳中求进，在防守住风险的前提下创新发展。有的电商金融企业刚涉足支付清算不久，就搞网上贷款，接着又代客理财、涉足资产证券化。既无经验，又无人才储备，这种冲动要遏制。要重点加强互联网支付和网络借贷的监管。互联网支付机构应始终坚持服务电子商务发展和提供小微支付服务的宗旨，落实客户备付金集中存管和支付期限规定，建立有效的风险隔离和客户权益保障机制。严禁超限额服务，严审跨界服务和借道理财、委托理财，严防交叉感染和风险渗透、聚集。为电商服务的金融机构，要有效识别客户身份，主动监测报告可疑交易，防范洗钱等金融犯罪。同时，要根据审慎监管的原则，在有效防控风险的基础上，支持有条件的商业性金融机构通过手机等移动终端发展二维码支付，方便百姓日常生活和小微企业经营活动，逐步减少现金流通。

（二）制定专门的法规或规章，对达到一定交易数量和客户规模的电商及其控制的综合金融板块，进行分类并实施特别监管。国际上，对大而不能倒的银行（如对我国的中行、工行），除了服从一般的监管以外，还另设有较高的资本充足率等指标体系对其进行监管。我国电商中的阿里、京东等几家公司的业务，已具垄断地位，占据全国同类电商总量的80%以上。腾讯公司的微信客户和支付笔数，更是无人能及。他们都捷足先登，设有金融板块从事多项金融业务。应参照国际上的有效方法，在自有资本比例、风险准备金提取、客户资金托管、新开展业务等方面另设门槛和标准，既鼓励创新并适度放开一些方便老百姓的网络支付领域，如医疗、教育、市民缴费等支付服务，支持这些机构服务国家“一带一路”战略，到国外发展，又要加强现场检查和风险预警，明确牵头主监管机构，多方配合，进行特别监管，确保数据安全和个人隐私得到保护。另外，建议修改有关资本市场的规定，或特别许可，让阿里巴巴回归国内资本市场，既让国民分享红利，又让国内股民便于监督。

（三）建立电子商务中金融消费的多元纠纷解决机制。根据电商金融消费多、额度小、投诉多且分散的特点，应在电商协会或互联网金融协会建立一个独立于消费者和金融机构的第三方机构，类似于英国、澳大利亚设立的金融监察服务机构，以便发布维权提示和有关信息，构建现场受理和在线争议、调解、仲裁以及线下处置等多元化纠纷解决机制。

（四）加快社会征信体系的建设和应用。就全社会支付业务量而言，传统金融的占比达98%，电商第三方支付所占份额不到2%。目前开展网络支付的机构主要通过与其业务合作的商业银行获取客户信用信息。应允许经过监管部门批准、为电商服务的互联网金融机构接入金融信用信息基础数据库，允许并支持具备资质的信用中介组织开展电商企业的信用评级。电商企业也要充分利用客户资源优势和大数据、云计算技术，依法建立信用信息共享平台。

（五）提高保险业在电商中服务的深度和广度，充分发挥商业保险在防范电商金融风险中的作用。现在互联网保险业务大多借助网络工具营销保险产品。要推动保险机构针对电子商务特点，开发新产品，为产品质量、安全提供商业责任保险，同时，为第三方支付、网络借贷提供信用保障。

2017年

关于抓紧制订国家海洋发展战略的提案

我国是海洋大国，拥有400多万平方公里的海洋国土面积（其中黄海总面积38万平方公里、东海77万平方公里、南海350万平方公里，渤海是我国内海），海洋生产总值大体占我国国内生产总值的10%左右。随着我国经济市场化、国际化程度的提高和经济总值的扩大，海洋成为我国经济发展的战略运输通道和生命线。大陆对外贸易总量的30%、石油进口的80%，还有台湾石油进口的几乎全部，都经过南沙海道运输。

这些年来，在海洋事业发展的战略层面，虽然总体较为平稳，但形势严峻，问题突出。一是与邻国存在一定的海洋划界争端，我海洋领土主权与权益，尤其是在南沙群岛遭到严重侵蚀，海上通道安全面临挑战。二是在海洋经济发展中，船舶制造等产业重复建设严重，而海水利用、海洋矿业、海洋能源、海洋油气化工和生物医药等，资金投入不足，产业弱小。三是局部海洋环境污染严重，近海生态状况堪忧。四是海洋基础科学研究薄弱，人才匮乏。五是沿海地方注重港口建设和填海造地，缺乏统筹规划。

海洋事业发展中存在的上述问题和挑战，大多是长期积累的结果，解决这些问题，我们必须勇敢地面对挑战，不回避现实矛盾，又从长计议，战略谋划。海洋的科学开发和有效利用，是中国梦的组成部分，是中华民族这一代人的历史责任。海洋的开发、保护、利用，又涉及经济、政治、科技、环保、外交、军事等多个方面，在战略层面需要中央政府加强领导，各有关方面和地方政府通力协同，各负其责。

一、强化海洋国土意识。设立“中国海洋日”，积极宣传包括海洋国土观、海洋生态伦理观、海洋可持续发展观、海洋资源观等在内的新型海洋价值观念，形成全社会关注海洋、开发海洋、保护海洋的良好氛围，把海洋经济发展规划纳入经济社会发展总体规划。

二、和平解决争议，合作开发海洋资源。20世纪，我们在处理中日关系时，针对钓鱼岛问题曾提出“主权在我，搁置争议，共同开发”的政策，后来演变并简化为“搁置争议，共同开发”，并以此作为处理争端的基本政策，实际效果并不好，同时给国际社会造成一种错觉，认为我不争主权，只争利益，还可能造成有的邻国对岛礁的占领变为既成事实，并助长了日本的嚣张气焰。现在，我们应调整“搁置争议，共同开发”的提法，对有争议的海域确定新政策，体现主权在我、存在争端，以和平方式解决。概括起来为“和平解决争议，合作开发海洋资源”。

三、创造有利条件，谋求战略优势，以加快南海资源开发为突破口，掌握破解南海困局的主动权。长期以来，为了稳定与南海周边国家的关系，我们一直没有出台自己的南海开发计划，倒是周边国家在加紧进行开发。我们必须尽快出台自己的南海开发计划，不要周边国家反对就无限期地搁置。宜采取民进军随的方式，加紧南海油气田的勘探与开发。要采取有效举措，积极在被他国占领海域制造争议，表达我国的声音，使全世界了解我们的合理诉求，掌握主动权。要充实海上力量、打造综合性防护体系，以实力为后盾加大海上维权的力度。

四、促进海洋经济可持续发展。要正确处理好认识海洋、开发海洋和保护海洋的辩证关系。加强对包括海洋油气、矿产资源等海洋资源在内的调查、评价与勘探，摸清家底情况。强化海洋油气、矿产资源开发管理，重点加强海上探矿权和采矿权的管理。充分利用生物技术，大力发展海洋资源的综合利用产业，形成资源高效循环利用的产业链。加快建设海洋能源、海水淡化与综合利用等工程，建立海洋循环经济示范企业和产业园区。加强对岸线资源的规划和保护，根据海洋功能区划制定海岸利用和保护规划，统筹协调港口、航运、围垦、养殖、防汛、排泄、旅游和临港工业等开发建设活动。

五、搞好顶层设计、强化基础设施，建设经略海洋的战略基地。要综合各方力量和意见，抓紧制定“国家海洋发展战略”，搞好海洋发展的顶层设计。海南岛由于特殊的地理位置，是我国经略海洋的首选战略基地。当前要尽快推进琼州海峡跨海通道的建设。西沙群岛和南沙我能控制的礁盘，是管控南海九段线海域的桥头堡和前沿阵地，必须在增强军事力量的基础上，进一步搞好民用设施建设，增强我对南海的实际掌控力度。研究制定《海洋基本法》，完善涉海法律法规，尽快构建起与《联合国海洋法公约》相衔接的国内法律体系，实现依法治海。在经过充分准备基础上，由党中央、国务院适时召开全国海洋大会，部署发展海洋经济，建设海洋强国等重大战略。

2014年

关于加大综合整治和环境保护力度、把湖泊地区及其江河流域建成生态示范区的提案

建设生态文明，是关系人民福祉、关乎民族未来的长远大计。在生态文明建设的空间载体中，江河流域和湖泊湿地及其周边经济社会区域，既是国土中的奇葩，亮点纷呈，又是承载人类负荷较重、频遭破坏侵蚀严重的区域。

我国江河湖泊纵横交错、星罗棋布。全国共有面积大于一平方公里的湖泊2759个，总面积9万多平方公里，广泛分布于东部平原、青藏高原、云贵高原、蒙新高原、东北平原与山地等五大湖区。总体而言，三大高原湖区总面积较大，但分布人口稀少，其主要任务是严格生态保护，维护现有生态平衡，审慎科学而适度进行水电、旅游等绿色开发。

东南部和东北平原、山地湖区，均直接或间接与大江大河并大海相连，成为江河水系的重要组成部分，是人口密集区和社会经济发展较快的地区。例如，洞庭湖区现在平水位水域面积2625平方公里，而洞庭湖生态经济区面积达6.05万平方公里、常住人口2200多万、地区生产总值5965亿元。江苏太湖地区的经济社会的承载比例更高。因此，这些湖区生态经济问题牵动整个生态文明建设的全局。总之，我国东南部和东北大地的湖区已成为重要的商品粮、棉、水产基地和工业基地。例如鄱阳湖、洞庭湖、太湖、巢湖、洪湖其周边地区，均成为当地省市经济最发达的区域之一，支撑着当地经济社会发展的繁重任务。但是，其生态系统恶化的形势非常严峻，生态修复和环境保护刻不容缓。据调查，这些大湖区域主要存在生态方面问题是：

（一）生态功能退化，水域面积缩小。鄂、湘、皖、赣、苏、浙六省的湖泊面积中华人民共和国成立初2.8万亩，现只有2万亩，减少了三分之一。有千湖之省之称的湖北省湖泊面积减少了三分之二。洞庭湖中华人民共和国成立初期，水域面积为4350平方公里，目前水域面积仅为2625平方公里，相当于中华人民共和国成立初期湖泊面积的60%。鄱阳湖、洞庭湖以及华北的白洋淀、西北的青海湖等湖泊，入湖水量日益减少，供水调蓄功能降低，湖水自净能力减弱，湿地面积相应缩小，湖区生物多样性功能衰退，一些珍稀野生动植物的生存繁衍受到严重威胁。

（二）湖区水面污染和富营养化加剧。一般来说，湖区周边经济越发达、人口越密集，湖面污染就越严重。一方面，工业带来的污染治理不力，特别是近几年来沿海一些因污染环境而关停的项目又被内地湖区政府招商进来，形成新的污染；另一方面，畜禽粪便未经加工利用造成水面源污染。现在养殖大户规模大，粪便堆积如山，除少数农户经沼气利用外，大多数直排水面，污染严重。

（三）湖区改善民生的任务十分艰巨。一是发展很不平衡。以鄱阳湖、洞庭湖区域为例，湖区周边的大中城市乃至县城发展都较快，有的地级市可与东部沿海城市媲美，而农村发展慢，面貌变化不大，许多集镇破败不堪，显得脏乱差。此外，真正务农的农户收入较低，不如从事非农产业的收入。尤其是水面源污染严重的湖区，人畜饮水都发生了困难。

（四）大江大河的治理未配套，给湖区带来了新情况和新问题。江河与湖泊是连通的，中华人民共和国成立以来，各地在大江大河筑坝修水电站、水库，给下游防洪和发电带来巨大社会和经济效益，功在千秋，但也造成下游补水减少，湖泊枯水期提前，水系和湿地生态受到影响。

湖泊尤其是大型湖泊区域，是一个巨大的生态经济社会系统，面对如此严峻的形势，我们要对子孙后代负责，将湖区与江河流域结合起来进行综合治理，实行严格、严厉的环保措施。既要通过工程技术和自然调节手段对湖泊本身进行生态修复，更要树立尊重自然、顺应自然、保护自然的生态文明理念，按照中共十八大的要求，把生态文明建设放在突出地位，对湖区科学规划，江湖联动，依据法律、行政、经济、科技手段，规范人类自身活动，让每一个湖区成为美丽中国的缩影。

一、坚持生态优先，促进绿色发展。牢固树立生态文明理念，坚持在发展中保护，在发展中开发，把生态建设和环境保护放在首要位置，把资源承载能力、生态环境容量作为经济发展的重要依据，探索建立反映资源环境成本和生态效益的绿色国民经济核算体系，巩固退耕还林成果，保持水土，保护“一湖清水”，建设绿色家园，努力实现生态建设和经济建设同步推进，环境竞争力与产业竞争力同步提升。

二、坚持科学布局，促进协调发展。遵循江河流域和湖区生态经济功能特性，把握开发节奏、时序和强度。根据资源禀赋、环境容量、生态状况、人口密度、开发程度以及未来开发潜力，明确江河流域和湖区内部功能分区，科学划分为优化开发区、重点开发区、限制开发区和禁止开发区，优化空间布局。逐步形成功能定位清晰，发展导向明确，开发秩序规范，经济发展与人口资源环境相协调的开发格局。

三、加大污染防治力度，创新防治机制。要推动江河流域和湖区污染治理标本兼治，建立“源头预防、过程阻断、清洁生产、末端治理”的全过程污染综合防治体系和长效机制。根据湖区水质变化状况，增加部分约束性指标，倒逼企业进行技术革新和结构调整。探索以市场化手段推动企业污染减排，试点排污权交易，对企业环境行为进行信用综合评价定级，加快转变农业生产方式，大力推广资源节约型、环境友好型技术，从源头控制农业面源污染。鼓励有机肥、生物农药的生产和使用，给予生产企业和施用农户一定的补贴。鼓励集中养殖和生态养殖，推进标准化养殖场建设，提高养殖业废弃物资源化利用水平。建立农业废弃物资源化利用补偿机制，加快城镇污水处理厂建设，尽快实现所有市县和乡镇都至少有一家正常运行的污水处理厂，逐步推进农村居民相对集中居住，实现农村生活污水和垃圾集中处理。改进农村用能结构，推广沼气、秸秆气化等新型能源，进一步加强江河流域和湖区环境质量监测网建设。

四、坚持城乡一体，打造美丽乡村，走具有湖区和江河流域特色的新型城镇化之路。深入推进新农村建设，结合农村居民点改造、生态新村和小城镇建设，集中配置公共基础服务设施，整治村容村貌，大力倡导家庭院落花卉树木栽种，实现农村绿化美化。重视农村历史文化传承，对湖乡民俗文化进行整理发掘和抢救保护，对富有特色的古村落、古建筑群、古戏台等开展有计划的修复，做到生态与文化并重、自然生态与文化传承相交融。

五、对大江大河进行综合治理，改善江湖生态系统。我们对大江大河的开发，往往重上游轻下游，在江河上游搞了很多梯级开发，但对下游湖区和湿地的开发整体重视不够，投入不足。要准确把握和积极有效应对大江大湖关系新变化，科学推进防洪减灾工程、供水保障工程、河湖健康工程和现代水利管理体系建设，尽快形成平衡稳定、江湖两利的江湖关系新格局。要有必要的工程措施来保障防洪安全、水资源安全、水生态安全和粮食安全。但是，一些重大水利工程，由于牵涉面广、影响因素多、建设周期长，需要在对自然、经济和社会影响做诸多评估和论证的基础上，综合权衡各种利弊因素，选定科学、可行的方案。保证每个重大项目都能像都江堰那样造福千代。

六、以创新的思维，建立对湖区和江河流域的生态补偿机制。探索建立以落实林权制度、巩固退耕还林成果、保持水土的森林补偿机制，以生产、生活、生态分质用水、阶梯用水、生态补偿为重点的水生态环境保护机制，以引导规模农业、生态农业发展为重点的农业综合补贴机制，以城乡用地增减挂钩、占补平衡为重点的节约用地机制，以资源产权改革、资源有偿使用为重点的要素市场化机制，以移民搬迁、服务均等化为重点的城乡融合发展机制，以湖区统一保护和开发为重点的区域统筹协调机制。着手开展排污权有偿使用和交易试点，并积极争取国家环境税改革试点。

几点具体建议：

（一）建立健全统筹生态文明建设的组织协调机构。生态文明建设涉及面很广，部门和地方利益交织，可参照精神文明建设的组织架构，政府成立跨部门的生态文明建设组织协调和指导机构，统筹研究制订有关生态文明建设的规划和有关评价体系、考核办法、奖惩机制。对于大江、大湖经济区域的生态文明建设，可借鉴国际经验和做法设置跨区域的机构来协调各方行动。密西西比河在美国跨越10个州，为了实施更有效的管理，美国联邦政府设立了密西西比河管理局，负责整个区域的规划、开发和建设。

（二）所有江河湖泊及其区域的规划、开发、治理，都要突出生态文明建设这一宗旨。已经批准设立的大湖经济区、沿江开发带，要根据十八大精神进行规划、修订和补充，未列入国家功能区计划的大湖区域，要尽快做好研究论证，将大湖生态经济区建设纳入国家发展战略。

（三）抓紧做好湖泊的岸线整理。大江大湖流域具有航运、渔业、供水、发电、灌溉、旅游等多重效益，许多国家和地区的文明史就是一部流域开发史，以水资源综合开发带动整个流域的生产力的合理布局和城市群的发展。大江、大河、大湖要结合防汛工程，进行岸线标准化建设。建议有关部门和地方，对大型湖泊的治理岸线提前规划研究，按照岸线整理后的区域条件，进一步科学规划生态系统保护、城镇布局、基础设施建设和重点产业发展。

2013年

关于中国书画走出去并开展国际传播的提案

中国书画（本文主要指书法、国画，下同）是中国国粹，是中华优秀传统文化的重要符号，开展中国书画文化国际传播的研究势在必行。

中国书画的国际传播，展现了大国文化战略与中国人的自信力。中央关于实施中华优秀传统文化传承发展工程的意见指出，积极宣传推介戏曲、民乐、书法、国画等我国优秀传统文化艺术，让国外民众在审美过程中获得愉悦、感受魅力。中国书画文化国际传播，为弘扬中华传统文化，展现中华文化本质内核，提供了最好的载体。

近年来，国内部分高校（如湖南理工学院、华东师范大学等）学者开启了这一研究之路，但是远没有形成气候和规模。中国书画国际传播应该从以下几方面开展研究工作。

一、全面梳理中国书画国际传播的历史。在泛汉字文化的东亚日本、韩国等国家，接触中国书画可以追溯到唐代及其以前，而欧美国家接触中国书画要晚到19世纪末20世纪初，其时有许多的大收藏家在华裔收藏家的影响下收藏中国书法和画作，如顾洛阜、艾略特、安思远等。20世纪中期以后，华人学者开始在欧美文化界和大学课堂传播中国书画，如蒋彝、胡适等。对这些传播史的全面梳理，必将让后人充分明晰书画国际传播的悠久历史。

二、深入探讨中国书画国际传播在大国文化战略中的作用与意义。中国的经济发展和国际影响力已经不可遏制。习近平同志提出的“一带一路”发展战略，必须有相应文化发展战略与之相配套，来充分展示中国的软实力。作为中国文化根基的中国书画大有可为。

三、实地调查当前西方高校、孔子学院等文化教育界书画课程，主要是书法的开设与传播情况。在中国经济影响力的作用下，目前全世界范围内掀起一股中国热，据不完全统计，全世界学习汉语的人数从10年前的不足3000万人，快速攀升至现在的1亿人。许多世界知名的大学都相应地开设了书法课，如美国哈佛大学、耶鲁大学、新泽西大学，英国的伯明翰大学，俄罗斯的国立师范大学等等。此外，我国目前在五大洲教授中国书法。书法的海外传播本身是一门艺术，面对不同文化背景的外国人，传播什么，怎么传播，要达到什么样的目的与效果等，需要认真研究。所以，要实地调查研究西方高校、孔子学院的课程设置、教学内容、教学效果、学员结构、师资配置、教材教法等一系列相关内容，总结经验、扬长补短，制定一套通行的又能灵活多变的传播实施方案。

四、科学分析中国书画国际传播面临的困境与对策。目前中国书画的国际传播还面临诸多困境，如国家政策支持力度不够、推广传播的经费不足、没有切实可行的中英文对照教材与理论书籍、师资不足等一系列相关问题。应该对上述问题进行积极、系统性的思考，并探求切实可行的对策。

五、多方开拓中国书画文化国际传播的路径与方法。除了上述孔子学院的书法课程和高校的书画课程以外，还要多方开拓其他传播路径。如学生的书画夏令营，国际性的青少年汉字书写比赛，博物馆与美术馆的对口联展推介，书画文化周等，总之，要充分利用国内国外两种资源，寻求多渠道的传播路径与方法。

当前，应该首先着手做以下几项重点工作。

一是汇编中国书画文化传播世界之文献目录。应该建立文献索引，去全世界各大图书馆，收集中国书画，重点是书法文化论著和论文目录，按年序、国别、主要文种（英、日、韩、俄、法、德、西班牙等语种）汇编成册。

二是将世界著名图书馆、博物馆、艺术馆馆藏中国书画名迹进行汇编。中国历代书画尤其是书法名迹遍布世界各地，这是中国书法文化国际传播最珍贵的遗存和见证，目录收集十分浩繁，应赴世界主要图书馆和博物馆、艺术馆、著名大学专项资料室（如甲骨文、敦煌遗书），复制图片，汇编成册。

三是整理中国书画文化世界传播发展史。中国书画文化传播先东亚日韩，后沿丝绸之路下南洋至南亚各国，再经传教士西传欧美，中华人民共和国成立后传播世界各国。应收集整理这一历史发展进程，重点对中国书法文化两千多年形成一张传播路线。

四是探索互联网时代中国书画的国际传播新路。互联网兴起，中国书画文化国际传播进入一个新的领域，中国书法名碑名帖的展示，书画教学的名家示范演讲，书画名作的拍卖和销售，在互联网上使处于地球各个角落的亿万华人和非华人都在目睹书画风采和魅力，都在为书画传播推波助澜。对互联网环境下的中国书画传播，要探索新路子。

五是整理世界各国孔子学院和华人社团传播中国书法文化的实践。孔子学院的主要教学内容为汉语和书法，毛笔字教学成了异国他乡普及中国传统文化的生动载体，联合国教科文组织十分重视孔子学院。世界上友好国家纷纷成立孔子学院，普及中国文化和艺术。应分五大洲综述孔子学院书法传播的经验和成果。

六是探讨国际视野下的中国书画创意产品研究与设计。立足于中国书画艺术丰厚历史积累，用创意设计的手段将书画与现代产品结合，从造型语言、材质工艺、使用功能、商业模式、文化推广等角度展开研究，以旅游产品、文化礼品、外交礼品、生活用品、公共空间为产品领域，建立互联网时代的现代传播与商业视野，着力于国际化的中国书画艺术产品的研究与设计。通过研究与设计使书画以更多元的形态、更创新的面貌在书画的国际舞台上发挥光彩，展现活力。

开展中国书画文化国际传播研究是一项系统工程，建议由文化部牵头，组织中国美术家协会、中国书法家协会、中国文化国际传播研究中心的人士和有关专家学者成立项目组，并请外交部协同国际文化交流机构，共同研究攻关，早出成果。

2017年

【会议发言】

推进金融领域重点改革，防范金融系统性风险

改革开放以来，我国金融业取得了举世瞩目的成绩，但在发展中还存在一些问题，主要是：服务实体经济还不够；小微企业和农户融资难、融资贵；金融业潜在的风险在积聚等。必须抓住重点，推进金融改革，同时高度重视防范金融系统性风险。

一、调整融资结构，切实服务实体经济

在当前我国经济结构调整和发展方式转变的重要时期，金融业要调整融资结构，在金融业的总体布局和社会融资总量中应提高直接融资的比重和规模，支持实体企业进入资本市场通过股权和发债融资。应完善股票、债券发行制度，让更多的中小企业、高科技企业有机会直接融资。为此，债券市场要解决多头管理、市场分割、发行标准不一、刚性兑付等问题，保持健康发展。要正确引导资金投向，特别是信贷资金的投向，重点加强对实体经济的重点领域和薄弱环节的支持。

二、积极推进利率市场化改革

近些年来，利率市场化的改革已经迈开了步伐，在贷款和一些货币市场产品上市场化的程度较高。现在的问题是利率市场化推进的力度还不够。近年银行理财产品发展异常迅猛，影子银行火爆，非法集资屡禁不

绝，实际上就是钻了利率没有放开的空子。

利率市场化涉及的面很广、很敏感，在推进这项改革的时候，一定要科学论证，有序推进，做好配套改革，通过引导并放开一些替代性金融产品的价格来为利率特别是存款利率市场化创造条件。同时建立存款保险制度，建立银行和金融机构的破产制度。教育金融消费者，要有风险意识。加强金融机构对市场利率的评估。

三、有序发展中小金融机构，完善金融机构体系

破解中小企业和农村经营户融资难、融资贵问题的有效途径是，发展与中小企业金融需求相匹配、以服务中小企业为己任的中小金融机构，支持发展“草根金融”，丰富和完善金融机构体系。为此应进一步降低准入门槛，简化审批手续，制定差别化的监管政策，适当提供税收优惠，鼓励民营资本设立中小金融机构。中小金融机构要扎根本土，突出经营特色，不与大机构搞同质化竞争。

四、完善外汇管理体制

推进人民币国际化进程，需要完善外汇管理体制。一是保持合理的外汇储备规模和币种结构，逐步做到藏汇于民，用汇方便，多用一些外汇增加战略物资的储备。二是拓宽人民币跨境使用范围，支持我银行开展境外项目人民币贷款业务，支持有关国家将人民币纳入国际储备。三是推动资本账户渐进开放，进一步放宽对外直接投资的外汇管制。四是按照主动性、渐进性、可控性的原则，稳步推进汇率市场化改革。增强人民币汇率双向浮动弹性，促进外汇市场的发展。

五、加强金融监管，防范金融系统性风险

金融是高风险的行业，防范风险，特别是守住系统性风险的底线，是金融改革发展成功的关键。近些年来，我国经济持续快速发展，对金融的需求旺盛，至今尚未显现系统性风险，但要看到发生风险的基础条件也在积聚。现在房地产业在银行的贷款大体占贷款总量的20%不到，但是在银行的所有

抵押贷款中，80%的抵押品是房地产。要关注金融机构特别是银行业前几年高速增长带来的问题有可能显现，违约风险、流动性风险和市场风险可能加大。这些风险隐患最容易暴露并触发系统性风险的行业和群体，主要是房地产业和在结构调整中有可能被调整、压缩甚至关停的行业和企业。此外，要注意防范影子银行和不规范理财业务的风险。现在，有些理财产品专为有钱人设计，以钱炒钱；有些理财产品专为房地产项目量身定做，给过热的房地产火上浇油。主管、监管部门应高度重视这种倾向。

为防范系统性风险，金融监管要抓住重点，对上述行业和企业加强现场和非现场检查。同时，加强全口径风险监测预警，防止风险转移和重大违约事件。加强一行三会之间以及金融监管与地方财政、国土、国资、建设等部门的协调配合，互通信息，统一政策口径，提高监管的有效性。

2013年

发展多层次资本市场，要重点处理好风险防控和创新的关系

——在政协经济委员会赴中国银河证券公司调研时的发言

政协经济委员会组织到证券公司调研，还是第一次。银河证券是20世纪90年代末，经国务院批准，将工、农、中、建四大行办的证券业务及机构成建制整合而成。当时组建之初，在业内规模最大，营业部最多，在经纪业务占主导地位的情况下，当时的位置是老大，是正儿八经的央企，有级别有规模，人才也多。

今天听了陈有安董事长介绍的情况，结合这几天学习了一些材料，围绕资本市场的健康发展问题谈几点认识。

第一，资本市场的发展，风险管控是前提。今年，8.16光大证券乌龙事件是个个案，但它反映了资本市场的一些弊端，首先反映了光大证券公司内部治理和风险控制存在漏洞，有很大的问题，必须追究责任。同时，事件也折射了资本市场的体制机制建设上有弊端。总体来说，当前资本市场发展应超前于货币市场、信贷市场、保险市场的发展，因为现在间接融资规模太庞大，信贷市场隐患太大。直接融资就是通过股票发债和基金这种融资，规模太小。从宏观上要引导资本市场健康而且适当超前于金融其他方面的发展。现行融资结构要调整，通过资本市场的直接融资应加快一点。资本市场引导得好的话，更适合于实体经济、中小企业的发展。要看到，资本市场的发展对货币通胀的影响不如信贷、外汇市场那么直接。我在中央办公厅工作的时候，参加李鹏同志主持的一

个会议，李鹏非常谦虚地问外汇储备怎么跟通货膨胀有直接关系？储备越多通货膨胀压力越大，谁能讲得清楚？当时有人回答说要拿人民币把外币买过来。所以说出口增加对通货膨胀压力也大。但是资本市场对通货膨胀压力比同规模的货币市场要小得多。

第二，要加快多层次资本市场的建设。品种上有股票、债券、还有期货、资产管理等。交易场地现在场内交易只有上海、深圳交易所确实不能满足咱们国家众多中小企业从资本市场融资的需求。应在市场板块上多元化，品种上多层次。同时还要在投资主体上也应该扭转散户太多，机构投资者不够的倾向。应该发展机构投资者特别是基金投资。

第三，资本市场监管要从严。要按照市场化的原则推进改革，改革的要害是发行制度改革，杜绝行政干预。重启IPO必须以改革的办法，官员不能打招呼，同时还要减少国有不流通股的比重。有份材料显示，现在工商银行总股本有二千多亿元，但股市的流通股只有一百多亿，很容易引起很小的资金撬动这个权重股，引起股指变化，老百姓跟着遭殃。要研究新的监管思路和管理体制，我认为昨天公布的《部际协调会议制度》来势很好，但是它根本上不解决问题，它是一个行政的会议制度，它丝毫不影响监管的职能和权力调整。我认为这是下一步监管体制向综合型方向迈出了一步。

第四，券商应该避免恶性竞争，特别是要处理好风险控制与创新的关系、风险控制和科学手段提升业务水平关系。要把风险控制放在创新首位，把风险控制放在科学手段提升业务水平的首位。必须控制证券交易的风险。解决像8.16事件，建议这样的事件出现以后不应该仅仅由证监会进行调查，调研应当有一个中立的调查委员会，便于总结一些我们体制上机制上监管漏洞上的缺陷。但是不管怎样风险控制放在首位，因为它交易很频繁，而且现在有一些创新业务出来了。很多创新业务上级领导也害怕，怕处理不好风险，所以有的创新业本不让搞。证券公司资产管理业务、投资业务也有很多风险，现在放开资产管理业务、自营业务、资产证券管理业务是有必要的，不过要把风险控制放在第一。回顾几年前，我任中国东方资产公司总裁期间和银河证券有很好的合作，其中最有意义的事是不良资产证券化，你们承销并帮助我们开展这项业务，当时我们把大连地区的几十亿不良资产作为资产池交给银河证券给我们做资产证券化，项目很成功，既防控了风险，又达到了双赢的效果。

现在资产证券化业务方兴未艾，信贷资产证券化业务已经开闸，业务机会多，希望银河证券公司抓住机会，以改革创新的思路拓展业务，再创佳绩。

2015年

对外投资、贷款应考虑国别风险

——在全国政协2016年第三季度宏观经济形势分析会上的发言摘要

近些年以来，我国致力于发展外向型经济，而伴随着人民币国际化，我国对外投资取得了较快的增速。在这种背景下，我们更应当关注对外投资和在境外的贷款风险向国内转移，比如现在有一种很普遍的做法是“内保外贷”。从概念上说，“内保外贷”指的是境内银行为境内企业在境外注册的附属企业或参股投资企业提供担保，由境外银行给境外投资企业发放相应贷款。值得注意的是，当前我国外汇管理局对“内保外贷”是采取登记制度的，也就是说，国内担保方所承担的风险或者是“或有风险”，主管部门只是登记在册，知道而已，并没有被纳入国内贷款监管的范围之内。

由于当前“内保外贷”的情况较多，因此建议，在对外投资增长很大的情况下，不仅要将“内保外贷”纳入风险权重的计量和监管，还要关注这些国家的国别风险。即使我们计量风险，其实也只是关注其经济风险，就是项目的偿还性，但是按照银监会国别风险的判断，要考虑政治、外交因素，往往风险的权重会加大。此前我在一家银行搞过调研，如果将国别风险考虑进去，则当前涉外的不良贷款率还将提升，因此对于境外投资贷款风险，我们也要充分地做好防范预案。

在不良贷款方面，不要认为银行不良贷款率较高就一定会在当期发生金融风险，同时也要重点关注新业态、新增长点中所暴露出来的漏洞，比如互联网金融以及债券市场发债规模的增长等。不过，还要提升对不良贷款的容忍度，比如我们要包容科技型创新企业，而在这些科技型创新企业中，十个企业里能够有一两个成功案例就很不错了，从金融的角度讲，我们一直说要支持这些企业，但一旦出现问题，哪怕只有一个企业的一笔、几笔贷款出了问题，主管部门对发放贷款的相关方将终身追责，这种处理方式不利于科技型企业的融资和发展，有待商榷。

2016年

发展多层次资本市场，促进企业创业创新

——在中国经济社会理事会2017年9月21日上海论坛上的发言

2016年4月中旬，我随全国政协副主席王家瑞率领的调研组，围绕“优化金融服务，支持创业创新”专题，到上海、浙江进行了调研。我个人侧重对多层次资本市场和证券行业如何支持创业创新进行了较深入的分析研究，深深感到资本市场应进一步发挥自身功能，优化金融服务，在支持创业创新中起到更加积极的作用。

一、引导企业，尤其是科技型企业融资多找资本市场，让多层次资本市场为创业企业提供融资支持

近年来，上海市新增上市公司以创业创新型企业为主，这些公司主要分布在高端制造业（新能源、新材料、医疗设备制造）和信息产业（软件开发和网络运营），且普遍具有较高的技术水平（创业板企业绝大多数具有高新技术企业资格）。在新三板挂牌的企业也不断增多，仅2015年即新增新三板挂牌企业275家。由于多层次资本市场建设的不断推进，创新创业企业的融资渠道更趋多样化。多层次资本市场有力的资金支持，进一步充实了创新创业企业的资本实力，切实降低了企业的财务负担，为做大做强夯实了基础。

资本市场具有资源优化配置的天然优势，为辖区公司进行并购重组整合、实现产业升级、进入创新领域提供了重要平台。特别是2014年开始的并购重组市场化改革，大量减少了并购重组的行政审批，并实行分道制审核，进一步激发了上市公司并购重组热情。公司利用自有资金、银行贷款

及定向增发等进行资本运作，开展并购重组，已成为企业尤其是中小型创新创业企业实现内涵式发展和外延式扩张的重要驱动力。同时，上市公司与投资并购标的资产在生产销售模式、营销渠道、技术研发等方面整合，使公司产品体系和市场格局进一步优化，增强了上市公司的技术和市场核心竞争力。通过整合提升了资产的运营效率，降低运营成本，增强公司的盈利能力和抗风险能力。有的上市公司与信托公司、资产管理公司等共同设立并购基金，将外延式扩张作为常态化的战略推进，为公司的持续发展提供动力。

此外，通过资本市场的激励，进一步提升了企业发展的动力。2015年，上海有38家上市公司实施或推出了股权激励方案、18家公司推出员工持股计划，其中代表高科技、高成长性的创业板企业占近四成，激励对象覆盖范围进一步扩大到技术骨干等员工，有的甚至上千人，通过优化激励方式，提升创业创新动能。

二、鼓励并要求证券行业机构以多种方式服务创新企业

证券行业机构除开展服务企业上市、再融资等传统投行业务外，上海、浙江两地的证券公司积极为中小企业提供新三板挂牌、做市、并购重组、财务顾问、发债等差异化的投行服务，深受企业欢迎。

上海14家具有资产管理业务牌照的证券公司中有8家开展了资产证券化业务，为创新创业企业融资及城市基础设施建设、公共服务等领域提供支持。例如，华泰证券资管“京东白条”应收账款项目，为京东平台面向个人消费者的信用消费金融业务提供支持，是国内首单互联网消费金融资产证券化项目。

除提供融资中介服务外，部分证券公司还采取直接投资的方式支持创业企业或创新项目。例如，海通证券下属子公司投资互联网、移动互联网和线下平台运营以及推广体育赛事、提供一站式体育营销整合服务和专业互动交流平台，效果很好。

资本市场为天使投资、风险投资、私募股权投资等提供了风险共担、利益共享的退出和增值机制，促进了这类基金的发展。上海地区创投基

金、私募股权基金等通过设立专项投资基金提供引导资金，协助优化治理结构和激励体系、帮助提升战略规划能力、支持公司进行重大资产重组、提供并购支持等方式支持创业创新企业发展，实现科技成果向现实生产力的转化。如上海浦东科技投资有限公司发起设立了50亿元的临港集成电路产业投资基金等一批产业投资基金，支持集成电路、医疗健康等高科技产业领域发展；上海自贸区股权投资基金管理有限公司联合中国东方资产管理有限公司、中国信达资产管理股份有限公司发起设立总规模50亿元的上海自贸区基金，首期15亿元，用于支持陆家嘴、前滩、外高桥等地区优质创业创新项目，势头良好。

三、需要进一步提高直接融资比重，完善相关制度

创新创业的风险特征不同于成熟的产业经济行为，必须高度依赖资本，其仅靠自身的逐步积累缓慢发展和短期有限的银行贷款支持往往不现实，更便捷更迫切的是通过市场进行有效资源配置，提高直接融资比重。目前，我国直接融资比重与发达国家相比仍然处于较低水平，创新创业企业直接融资渠道仍然不够畅通、适应创新创业的多层次资本市场体系还需加快健全。

为此，要加快多层次资本市场体系建设，丰富和完善市场功能体系，有效支撑实体经济的健康发展。建立广覆盖、多渠道、低成本、高效率、严监管的多层次股权市场。进一步壮大主板、中小企业板市场。健全新三板“小额、便捷、灵活、多元”的投融资机制，全面增强服务创新型、创业型、成长型企业的能力。地方证监局要积极落实证监会相关工作部署，并结合辖区实际，更好地推动辖区实体企业、创业企业利用资本市场加快发展。

现在面临的问题是，现行资本市场投融资相关制度规则还未充分结合创业创新形势进行完善，制度效能有待提升。互联网金融、各类新业态快速生长，相关规则制度建设还未跟上。同时，私募股权投资基金还面临税收制度不明确和不统一的问题，有限合伙型私募基金在基金层面和投资者层面被双重征税，契约型私募基金能否参照公募基金的税收政策无明确定

论，各地工商税务机关政策把握不一、执法尺度不透明。

为此，需要尽快完善相关法律法规，营造更加有利于创新创业企业直接融资的制度环境。比如，积极推动《证券法》修订，加快多层次资本市场体系建设的顶层设计。根据新的形势，及时修订完善上市公司证券发行管理办法、收购管理办法、重大资产重组管理办法、股权激励管理办法等制度，继续提高公司融资、重组事项的审核效率和透明度，支持融资、重组方式创新。加快新融资业态、互联网金融立法，对相关投融资行为进行规范管理，明确和完善私募股权投资基金税收政策。

对于广大投资者和中介机构来讲，对创新创业企业提供融资，具有尽职调查和投后管理不易、边际成本高、潜在风险高等特点。特别是缺乏统一有效的社会征信体系，对违法行为及失信行为的追究力度还不够，投资者权益保护还有待系统加强，等等。这些问题的存在，都会在一定程度上影响投资者和中介机构支持创新创业的热情。有的中介机构甚至还打着支持创新创业的名号，承诺收益，虚假宣传，行非法集资、挪用资金等违法违规之实，极易引发群体性事件，造成恶劣的社会影响。

为此，需从完善市场环境和保护投资热情出发，前端加强征信体系建设，完善对个人及企业、对融资方及中介服务机构的社会征信制度，加强司法机构、征信机构、金融机构之间征信数据互通工作，通过各种形式加强风险提示，引导投资者作出合理投资决策，避免盲目投资和上当受骗；后端进一步加强执法体系建设和投资者权益保护，加大对失信人的惩戒力度，加大对利用创业创新名义从事非法活动的机构和个人的追究力度。此外，还需要加大对中小创新企业融资扶持力度，构建中小企业多层次的信用担保体系，包括政府性担保、民营商业性担保和企业间互助担保等。

四、推进互联网股权融资及“众筹”业务规范发展

根据人民银行等十部委发布的《关于促进互联网金融健康发展的指导意见》，互联网股权众筹活动由中国证监会负责监管。鉴于股权众筹本质上属于证券公开发行，按《证券法》规定需事前审批。证监会应加快制定股权众筹管理办法。目前，中国证监会指定了三家机构试点从事股权众

筹，其他企业不得以“股权众筹”为经营范围进行登记注册，也不允许以“股权众筹”的名义开展互联网股权融资。但对于通过互联网开展私募股权融资业务或提供股权融资信息服务并没有法律禁止性规定，不排除相关企业通过登记注册的可能。

为推进互联网股权融资及“众筹”业务规范发展，建议：一是疏堵结合，加紧研究制定对于股权众筹及通过互联网开展非公开股权融资活动的规范性文件及其相关细则。对公开宣传、非特定对象、股东穿透计算、投资者适当性等认定标准进行明确规定。二是拓宽渠道，推动规范互联网私募股权融资的资金存管。由于银行托管门槛高、费用贵，平台均代收项目资金，不进行专户存放，与平台自有资金混同、不同项目资金混同。可引导证券公司拓展为股权融资平台提供资金存管、支付清算等配套服务。三是加强协调，推动针对互联网股权融资的登记制度改革。由于互联网私募股权融资涉及的投资者较多且来自各地，办理工商登记时流程复杂耗时较长。有的公司将收集投资人签名文件用于向工商部门登记注册有限合伙企业的环节外包给第三方技术公司，采取网签真实投资人协议而向工商报备标准文本合伙合同的方法。这种情况也存在风险隐患，亟待规范，建议推动针对互联网股权融资的商事登记制度改革，使之具有操作性和便利性，从而推动互联网金融的规范发展。

2016年

积极引导和扶植民营资本办金融，有效缓解实体经济和民众融资难

实体经济尤其是其中的小微企业融资难、融资贵的问题，以及广大民众创业很难得到金融支持，这是当前经济金融活动中的痼疾。现有金融机构包括大银行为此想方设法，改进服务，做了大量工作，但由于其领导体制、考核激励机制、风险偏好和管理链条长等因素，远不能满足实体经济和创业者的需求。

党的十八届三中全会已经明确提出，允许具备条件的民间资本依法发起设立中小型银行等金融机构。一年半以来，民营银行仅批筹五家，开业一家，加上民营资本主导的村镇银行和消费金融公司、金融租赁公司、企业财务公司，新增的民间资本控股的民营银行和非银行金融机构才有160多家，比不上几家大中型金融机构一年新增的机构网点。渴望融资的数千万家小微企业和个体工商户，大多面向民间，以至于各类炒股的基金、资产管理、过桥贷款、委托贷款、违规理财等影子银行业务活跃，地下钱庄和民间高利贷盛行，非法集资屡禁不绝。从而形成民间有大量资金闲置要找出路而社会上又有大量小微企业和创业民众找不到低成本资金这样一种不和谐的局面。

我们认为，有效缓解实体经济和民众创业的融资难，必须牢固树立普惠金融的理念，在要求传统金融机构继续做好服务外，要以满腔的热情，积极引导和大胆扶植民营资本来办金融。为此，建议：

一、增强紧迫感，加快民营资本依法发起设立中小型银行等金融机构的步伐

有关部门要加快出台民营银行等金融机构发展的指导意见，扩大试点范围并尽快总结试点经验后普遍推广。要降低民营银行设立的门槛，要求发起人制定风险处置计划，无可非议，但也不能让民营银行还未出生就要先设计好死。要向社会公开准入条件和发起人具备的资质，简化审批手续。要加快出台存款保险条例和有关退出安排。对民营银行等金融机构，尤其是其中的互联网金融机构，要鼓励创新，适度监管。其监管方式应更加灵活、包容，有别于传统金融机构。中央主管部门主要负责法制、金融基础设施建设和宏观调控，让地方具体负责监管和风险处置救助。实行从宽进入，规范管理，放开退出管道。尽快让民营银行等金融机构成批地在全国各地成立，同时让其中经营失败甚至破产者有序退出，这要成为民营金融机构发展的新常态。

二、推进金融机构混合所有制改革，拓宽民间资本进入金融行业的渠道

现有大型银行、保险等商业性金融机构虽然已经股改上市，形式上已成为混合所有制，但法人治理机制不完善、大股权不流通、小股东没有发言权的弊端十分突出。一些地方政府平台控股的金融机构也存在上述弊端。要加快完善并推进上述机构的混合所有制改革，降低大股东持股比例，相应提高民间资本占比。要鼓励民间资本参与高风险城市商业银行、农村信用社和证券、保险、信托等非银行金融机构的重组改造。近些年来，城市商业银行和农村信用社发展势头良好，成为服务有关地方实体经济和三农的主体，其民间资本的占比都比较大，自然人持股的数量较多，建议修改有关法律法规，取消自然人持股只能在200人以内的限制，推进这两类机构进行股改上市，做强做大。

三、引导民营资本借力多层次资本市场发展壮大

小微企业和民众创业，往往缺少资产抵押，即使担保贷款，成本也较

高，而找资本市场通过股权、债权直接融资，成本低，周期长。要加快推进股票发行注册制改革，取消股票发行的持续盈利条件，降低小微企业和创新性企业上市门槛。丰富新三板市场交易方式和融资工具，让符合条件的股份制企业，不论规模大小，均可挂牌进行股权、债权融资和并购重组。支持更多小微企业进入多层次债券市场融资。面向当前互联网金融发展的新态势，要建立资本市场小额再融资快速机制，有关部门要抓紧制订股权众筹融资的规划，支持股权众筹的发展，鼓励民营企业利用互联网平台创新融资方式。

四、加强金融基础服务设施建设

民营资本办金融，需要政府有关部门给予帮助和扶植。第一，要切实加强社会信用体系的建设。完善法制，以法的形式明确P2P、众筹等互联网金融业务与非法集资的边界。要建立信息征集和共享制度，实现信用数据库向民营金融机构开放，帮助民营金融机构应用大数据技术进行客户身份识别和认证，防范金融风险。第二，帮助民营金融机构夯实信息科技基础，按系统性、兼容性和标准化的要求，帮助做好规划布局。要帮助规模较小的银行与其他银行合作或采取外包的模式建立网银、灾备等科技信息系统。第三，要发挥行业协会的作用，帮助民营金融机构与政府及有关部门沟通，让它们及时反映诉求，遵守行业自律。引导小微金融机构建立流动性互助系统，满足其流动性调剂需求。督促地方政府加快建设融资性担保公司和再担保公司，降低担保费率，帮助小微企业缓解融资贵的难题。

五、加强对民众尤其是民营企业家有关金融的教育培训

金融的专业性较强，防控风险的要求很高。接受金融服务的创业者尤其是投资金融领域的民营企业家，必须接收相关金融知识、法律法规和政策的教育。

鉴于现代金融越来越具跨界经营的特征，在当前分业监管的体制下，应由人民银行统一负责并由中介机构组织对金融的教育培训和相关准入资质的考核。金融又是面向大众服务的行业，要教育涉足并兴办金融的民营

企业家，增强社会责任意识，守住风险底线。要培养和吸引优秀人才，组建专业团队，聘请职业金融管理人员来经营。要适当分散股权，建立良好的法人治理机制，突出民营特点，与传统金融机构搞差异化经营，专心服务实体经济，为小微企业和广大创业者以及城市居民提供专业、便捷、贴心的金融服务。

2015年

以创新的方式多渠道解决智慧城市建设中智能交通发展的融资难问题

——在北京2016年智慧城市建设论坛上的发言摘要

交通是经济的命脉和城市的骨架。智能交通产业无疑成为智慧城市最重要的组成部分，当前，我国城镇化正加速推进，每年全国的城镇化率提高一个百分点左右，即意味着1000万人进入城镇，在顶层设计上，智能交通的发展要求有长远的科学规划、切合实际的功能定位和科学有序、有层次的空间布局，而且多种交通运输方式如公路、铁路、航空、水路、管道等要求综合考虑，统一规划，互为补充。

根据中国人多的特点和绿色环保的底线要求，轨道交通和水路运输（货物）应放在优先的位置，而不是现在某些地方的做法，动则修机场，办汽车厂。航空运输的碳排放在单位运输量中最高。但是大家不难感受到，这种运输方式只宜长途运输。

轨道交通现在重要的是与其他运输方式的配合，解决最后几公里到消费者家门口的问题。如快速发展的快递业务，跨区间应走高铁，可是高铁开始并未考虑这个问题。现在来得及，应允许加挂，同时改造站台，让平板车进得去，提得出。尤其是要利用早班高铁跑空趟的资源，搞活快递物流。

城市资源应为轨道交通配置留足空间，例如，空中巴士就很有发展前景。

现在的大众创业、万众创新，应该引导万众崇尚实业，不作虚功，不图虚名。尤其是大学生，毕业以后应深入实际，了解观察社会。先就业，再创业。国家鼓励和允许创新，但真正拿钱支持的主要应是先进创造、节能环保、现代农业等实体产业。

对智慧城市建设尤其是智能交通的建设，必须创新投融资模式。智慧交通建设、先进制造、车联网，以及各种先进设备包装起来的智能车体、穿戴设备等，都涉及到科技、产品、机制的创新。解决这种实体经济创新资金瓶颈，国际上成功的经验是PE/VC、天使投资。十个投资成功一个，就可以了，但人家在创新型企业开始即进入，而我们的投资，尤其是银行的贷款，一定要等到创新型企业成长期才跟进。

所以，我们要有各种方式和途径融资，尤其注重直接融资。

政府设风险金，金融和社会投资跟进。

要改革金融考核激励机制，允许失败，提高风险容忍度。

这就要求彻底改革现今金融体制。金融要围绕实体服务，允许办实业失败，也就允许银行贷款有一定的不良率。金融机构不能自我服务，自我陶醉，资金不能自我循环，要投向实体经济，在服务实体中让金融业与实体经济共同发展壮大。

2015年

金融科技呼唤科学监管

——在《第一财经》金融科技峰会上的发言

金融是现代经济的核心，科学技术是第一生产力。二者的紧密结合，一方面使金融不断焕发出勃勃生机；另一方面使科技增添了支撑的动力、插上腾飞的翅膀。金融以自己的创新服务，比如针对科技企业开展投贷联动的服务模式、促进科技企业发展壮大，落脚点和服务对象在科创企业，这叫**科技金融**。当互联网技术、移动通信技术以及近年兴起的大数据、云计算、区块链和人工智能等新技术，被用来提高金融业的整体效率，带来金融产品体系和业务模式的变化，以及融资方式的创新和货币体系的变化，这种变化本身的主体是金融业，这叫**金融科技**。

在大众创业、万众创新的时期，在习近平新时代中国特色社会主义思想的引领下，我国的科技创新日新月异，金融科技的发展方兴未艾。传统金融机构尤其是大银行、保险公司依托信用背景和客户资源、资金实力，抓住机遇，谋求战略转型。而新兴的拿到牌照的新金融机构和在夹缝中生存的准金融机构，虽然面临竞争压力和被处于垄断地位的新金融吞并的危险，但总体上来说，新金融的发展机会大于挑战。真正在总体上面临巨大挑战的是我们的主管、监管层面。在金融科技迅速发展的进程中，新业态、新模式的出现异乎寻常，线上的活动难以找到固有的规律，而对金融活动的监管必须遵循已有的法律、法规，这些法律、法规的出台需要一个过程。前些年，在互联网金融等新业态发展的初创时期，主管和监管部门本着包容的态度并实施适度宽松的监管政策，为其留有创新的空间和余地，总体上效果好，没有发生系统性风险，也没有出现群体事件。一些地方出现新金融机构涉嫌非法集资、超额度放贷、违规理财等问题已被监管机构处罚和纠正。据调查，现在的问题，主要是一些地方出于招商引资和发展科创企业、搞金融的需要，注册了许多经营范围包括金融服务、基金管理、资产管理、投融资管理、财富管理的小微企业，它们基本处于无门槛、无监管、无标准的状态。有的注册地和经营地分离，沿海有的地方出现跨境金融暗流涌动。面对互联网金融的跨区域、跨界经营，现行许多监管方式和手段显得力不从心。

针对金融科技的发展态势和出现的新情况、新问题，要继续满怀热情，以包容的态度进行科学监管，精准、有效施策。借鉴英国试行监管沙箱的理念，运用大数据、人工智能技术，建立能够试错、容错、查错、纠错的包容性创新监管体系，给金融科技创新继续留有一定的空间和余地。对于有的打着金融科技幌子、乱象丛生的所谓金融创新，应从严监管；有的业务模式一时看不准，则冷静观察，提示风险，作好预案。下面主要针对金融科技的新金融业态的科学监管，提出以下建议：

（一）把握新兴金融的特点和规律，更新监管理念，建立功能监管和行为监管制度

现在，我们将P2P界定为信息中介平台，其从事借贷撮合业务是民事关系。英国将P2P当成整个金融体系不可或缺的一部分，由金融行为监管局和民间的P2P行业自律协会协同监管。我们应明确互联网金融、小额贷款公司等新兴金融从事金融的核心本质，全面提升新兴金融企业的公司治理水平，实行严格的准入和监管制度，提高机构准入门槛，强化事中事后监管，从源头上把控进入新兴金融行业的机构资质，要求资本实力雄厚，纳税记录良好，核心高管人员具备金融从业经历。小额贷款公司从名称到经营的实质，已完全是金融机构的范围，明确其金融身份，更有利于它服务小微企业和普惠金融业务。

（二）以服务数字经济为重点，加强金融科技的基础设施建设

金融科技涉及的面很广，政府主管、监管部门应着力基础性建设，站在新时代金融科技发展的潮头，重点跟踪研究区块链技术、推进法定数字货币研发和支付结算体系的创新。

要深入研究把握产业融合发展的趋势，密切关注国际发展的前沿动态，共同推进区块链和数字货币相关理论的研究，同时深入分析区块链和数字货币对经济社会发展各方面带来的影响，进一步明确它们创新发展与应用的路径。加强核心技术能力的建设，开展关键核心技术的研究，提升区块链的性能、效率、安全性。积极营造良好的发展环境，通过多种渠道加大宣传力度，引导各界正确认识区块链、使用区块链，鼓励区块链企业与用户单位开展跨界融合，加快丰富区块链领域的行业应用。

要坚持创新和规范并重，积极推进支付清算体系的创新。支付体系的安全关系到整个金融体系的安全，进而影响到社会经济稳定。金融科技创新带来的支付清算市场呈现高技术性、虚拟性、复杂性，要加紧完善相关配套法律法规，在法律层面上明确市场参与各方的权利和义务。在建立健全信息保护、市场准入、风险防范等规章制度基础上，提升支付清算行业监管的法律层级，促进支付业务市场健康有序发展。

要加快数据标准化建设，全面构建资源共享的支付市场环境。随着金融科技创新，支付行业各方在数据安全与信息共享方面作出了积极探索，但还没有形成一套完整的数据安全共享机制。建议市场各方参与者规范使用标准，打破数据孤岛，建立数据资源共享机制，让数据使用有规可循，提升金融资源配置效率。

（三）建立全国性互联网金融风险监测和预警机制

鼓励各地方政府建立互联网金融风险监测预警系统，通过实时收集P2P等新兴金融的基础数据，设置各类风险预警指标，运用大数据、云计算等技术手段，动态监测、及时预警，主动识别和防控金融风险。同时，搭建新金融资金托管清算服务平台，通过对资金的监控管理，保障风险高发领域的交易真实性和资金安全性。支持深圳等发达地区开发地方金融风险预警监测平台和监管系统，组建新金融资金托管清算服务平台，推广至全国各省市免费使用，为地方金融监管治理探索道路、积累经验。鼓励新金融机构在风险可控的前提下，探索开展金融科技应用试点、产品测试、技术验证，进行技术创新和制度创新。

（四）掌握新兴金融与传统金融的区别和联系，重点防范和打击非法集资

随着互联网金融的兴起，各类打着"金融互助""电商返利""虚拟货币""公益众筹"等名义的网络平台异军突起、粉墨登场，利用监管之后的漏洞，游走在非法集资等违法犯罪的边缘，难以确切认定其违法行为。建议从法律角度进一步明确新形势下非法集资的特征及界定，同时针对缺乏监管主体的新兴金融涉嫌的非法集资案件，由公安部门统一进行认定，以便将非法集资扼杀在苗头阶段，维护金融秩序稳定。

新兴金融作为特殊业态，相比于受严格监管的传统金融风险更大，更需要加强业务指导和行业自律。参照国家相关监管办法和行业协会模式，加强协会建设。同时，金融管理部门要加强指导，引导行业规范发展。

（五）加强监管的公开透明度建设

金融科技的许多业务模式和创新的做法，需要监管部门审批，而在监管工作中，比较经常的做法是公开一些政策措施，对公众发布法令，同时为便于具体实施，又在监管部门内部出台一些实施细则和指引等等。这些细则和指引仅内部掌握，不对外公开，监管对象无从知晓。问题是一些内部细则和指引在公开的政策法规之外，往往又规定了更为严格的实质和程序性要求。监管对象和市场主体往往到了审批环节才被告知有这样一些规定的存在。这种监管的不公开和不透明给监管对象，尤其是金融科技创新的主体带来了困惑，也影响到监管的规范性和监管部门的权威。建议有关主管、监管部门应根据党务、政务公开的新要求，进一步提高监管的公开性和透明度。

2017年

【专题调研建言】

实体企业集团公司组建金融平台的运作思路

这些年来，我国金融业发展很快，其利润增长和投资回报率都远高于其他行业。因而一些实体企业不惜重金获取金融牌照，进军金融行业。作为非金融的企业集团，包括国企和民企，如何涉足金融，本人多次进行调研并应邀为少数企业集团做过可行性研究。由于企业集团各自情况不一样，涉足金融的方式可能不一样，现就一般的运作思路讲些体会。

一、金融平台建设目标和任务

集团公司建设金融平台应以满足内生性金融需求为出发点，服务集团内部，连接外部，目标是为集团公司战略实施提供资金保障，确保资金链安全，同时为公司发展提供低成本资金；实现金融业务和金融资产的专业化管理；成为集团新的利润增长点，且在集团公司主营业务发展壮大的产业链中实现金融业务的服务价值。

金融平台主要承担三方面的任务：第一，为集团公司提供融资服务，负责组织实施集团公司财务部、投融资部门制定的间接和直接融资计划；第二，承担融资服务以外的金融管理功能，包括资金集中管理、外汇管理、保险经纪管理、市场交易管理、维护与外部金融机构的关系；第三，负责对金融资产进行专业化管理。

二、金融平台建设路径和方式

集团公司金融平台建设一般以财务公司为基础，充分利用财务公司金融人才储备，整合内部资源，不断强化和丰富金融服务功能，充实金融服务和力量，逐步增加金融服务手段，最终演变成综合性金融平台。

（一）新设金融平台的方式

据调研，国资委管理的许多企业集团组建金融平台的组织形式通常有两类：常见的为资本管理（服务）公司，该组织形式已被几家电力央企广泛应用；另一类采取设立职能部门的形式，即设立金融事业部统一管理金融业务。

以资本公司的形式建设金融平台，通常由集团公司独资发起设立资本管理有限公司，注册地与集团公司相同，初期注册资本金一般在10亿元左右。

资本公司不设股东会，由集团公司直接行使股东会职权，决定公司的重大事项；设董事会、监事会。资本公司成立初期，可与集团的财务公司实行“一套班子，两块牌子，合署办公”，待步入正轨后，分别独立运营。筹建阶段，设立筹备组，组长由集团公司主要领导担任；筹备工作办公室设于财务公司，负责处理筹备日常事务。资本公司在集团公司领导下，作为集团公司金融业务的管理主体，满足集团公司战略发展对金融服务的需求。

以金融事业部的形式建设金融平台，通常由集团公司成立金融事业部，作为新设职能部门，统筹管理集团公司金融业务。金融事业部成立初期可与集团财务公司（或集团投融资部门）实行合署办公。

金融事业部代表集团公司统一管理集团公司金融资产、金融机构与金融业务，与其他相关职能部门做好权责划分，满足集团公司金融业务管理要求和金融服务需求。

（二）不新设机构如何运作金融

一般以现有财务公司作为集团金融平台的载体，代表集团公司实现统筹管理金融业务。财务公司的工作内容和人员配备根据金融平台建设的目标、任务等作相应调整和补充。财务公司是金融机构，需银监会审批并接受其监管。没有设立财务公司的企业集团应努力争取此牌照。近几年，各类基金比较活跃，企业集团可以根据业务发展，设立基金并相应成立基金管理公司进行投融资等类金融业务。

具体采取什么方式发展金融平台，不同的企业集团可以根据自身情况和已有条件选定。设立金融事业部，能够在集团层面制定并落实整个金融板块发展规划，管理范围可全面覆盖集团所有金融业务，从而实现金融板块效益集中考核；其他方式均需由二级公司自下而上推动集团金融板块发展，实施难度教大，也不易于完成板块效益集中考核。金融事业部作为集团公司新设职能部门，组织能力较强，可以通过制定金融相关业务的制度和流程，较好地实现业务、管理和人员集中。新设资本公司或以财务公司为载体，受集团公司原有业务制度和流程影响，实现集中管理难度较大。金融事业部作为集团业务归口管理部门，可以通过行政手段对集团金融资源实施整合，并能有效组织金融产业与集团主业以及不同金融机构之间的业务合作，更好地发挥协同效应。设立金融事业部不需要集团公司新增投资，不涉及股权转让，不产生税费支出，人员较精简，管理成本低。组建资本公司属于新设法人实体，需要集团现金出资，也会增加一定的管理成本。以资本公司或财务公司为载体，未来若涉及金融股权转让等，可能增加相关税费支出。设立程序方面，设立金融事业部不涉及出资、报批、工商注册和税务登记等，操作简单易行。一般来说比较现实。

三、有效发展金融平台的作用，为企业集团战略服好务

企业集团组建金融平台应遵循责任明确、目标坚定、布局合理、安全可靠的原则，统筹组织集团公司各金融业务相关主体，分阶段、分步骤、有针对性地实施平台建设各项具体任务。一方面，整合内部资源；另一方面，向外拓展金融服务领域。

1. 集中管理金融及类金融资产，为资产保值增值提供保障

金融平台作为集团内部金融及类金融资产的管理主体，集中管理集团公司范围内已投资的金融及类金融股权项目，规范管理流程。除集团本部

外，要求各二级单位不再新增金融及类金融项目投资，集团本部未来新增金融及类金融项目全部由金融平台统一运作和管理。

2. 统筹管理保险经纪业务，增强集团风险管理能力

许多企业集团，尤其是工程建设类集团，有的开展了保险经纪业务。今后，应由资产管理或集团财务部负责拟定集团公司保险管理制度、政策和规划；金融平台行使保险经纪公司的出资人职责，通过完善公司治理机制发挥对保险经纪公司的管理职能，保险经纪公司由金融平台行使保险经纪公司的出资人职责，通过完善公司治理机制发挥对保险经纪公司的管理职能，保险经纪公司负责具体实施。

3. 提高融资服务能力，为集团完成融资目标

企业集团财务部和资本运营部分别是间接融资和直接融资的管理部门，金融平台是融资工作服务主体。通过发挥协同效应，根据金融市场情况，充分利用包括产业基金、信托计划、融资租赁在内的多种融资工具，提供集团的融资解决方案并组织实施，为完成融资目标提供保障。

4. 统筹市场交易业务，提高市场交易服务水平

金融平台组织开展集团范围内的市场交易服务。集团公司所持相关资产的市场交易由金融平台组织完成；集团成员单位通过与金融平台签订委托管理协议，明确所持相关资产的市场交易原则和方式。

5. 加强资金集中管理，协助监控资金风险

金融平台负责执行集团对资金集中管理的要求和规划，有效利用财务公司现有信息系统和人才优势，加强对集团成员单位资金归集的监控和检查，协助集团财务部防范资金风险。

6. 完善外汇业务服务手段，提高集团外汇管理能力

金融平台牵头组织集团公司有关境内外外汇资金管理和套期保值的研究，制定外汇管理工作整体制度和流程体系，根据集团外汇需求和计划，开展相关工作。

7. 维护好集团与外部金融机构关系，营造良好的金融环境

金融平台通过组建专门的金融外联团队，做好内部协调与外部沟通，加强与资本市场的投资人沟通，为集团公司营造良好的金融环境。

8. 金融平台应以整合集团内部资源为基础，根据集团战略，积极开展外延式投资和收购，重点研究发起设立产业基金、投资与集团主业发展协同作用较强的金融机构，如信托、金融租赁和保险公司等，充实集团公司金融牌照，增强金融平台服务功能。

2015年

深化金融改革防范系统性金融风险

今年7月在北京召开的全国金融工作会议对当前和今后一个时期我国金融工作进行了全面部署，提出了“服务实体经济、防控金融风险和深化金融改革”三项任务。会议强调，防止发生系统性金融风险是金融工作的永恒主题，要把主动防范化解系统性金融风险放在更加重要的位置。

一、当前经济金融领域的主要潜在八大风险点及其表现

金融是现代经济的核心，现代经济正在逐步转变为与金融紧密相联系的经济，中国经济发展新常态与金融发展新常态相互融合。现阶段实体经济的转型对于金融业的影响是直接的，当前我国金融领域风险凸显已经成为社会共识，普遍认为存在以下风险：不良资产风险、流动性风险、债券违约风险、影子银行风险、外部冲击风险、房地产泡沫风险、政府债务风险、互联网金融风险等。

上述八大风险各有不同，产生的原因也较为复杂，但隐约都指向一个共同的问题——金融“脱实向虚”。“脱实向虚”指大量资金在金融体系内部“空转”，或是进入股市进行套利活动没有进入实体经济；或是流转链条拉长，虽然最终可能还是进入实体经济，但是提高了实体经济的融资成本；或是在流入实体经济过程中存在配置错位，如过度流向房地产而没有流入制造业。

显然，当大量资金频繁地在金融体系内“空转”或是进行套利活动，则可能引发流动性风险；当市场渴望扩大融资渠道，突破传统信贷监管要求，通过创新包装形成游离于监管之外的巨额影子银行业务、互联网金融

业务，则可能引发影子银行风险、互联网金融风险；当大量资金流向房地产行业，不断推高房地产市场价格及投资回报率，吸引更多资金流入进行投机套利，则可能引发房地产泡沫风险；当实体经济企业融资成本不断高企，或将资金投入到金融、资本市场等非主营投机性业务逐利，导致企业资金链断裂，则可能引发不良资产风险、债券违约风险；如果不妥善引导资金回归实体经济，导致一种或多种风险积聚，则最终可能引发金融市场的系统性风险。

二、当前金融风险状况和水平的总体评估和结构性分析

当前金融系统性风险总体可控。银行是金融体系的核心，银行稳则金融稳。目前，银行体系总体稳健，一是资本和拨备充足；二是收入和利润继续保持增长；三是不良贷款和关注类贷款出现“双降”迹象。从今年上半年年报情况来看，工农中建四大国有银行全部实现净利润正增长，息差企稳改善，净利润增速回升，不良率环比下降，资产质量向好。

但不容忽视的是，在过去几年中，货币环境偏宽松，为金融套利提供了机会，同时也形成了新的一些风险隐患，具体分析如下：

（一）信用风险压力犹在。信用风险一方面来自传统实体经济的调整，另一方面来自于新兴经济产业的发展。传统经济方面，受国内经济增速放缓影响，以及去产能、去库存、去杠杆加速，部分过剩行业及其上下游企业的经营情况恶化，尤其是小微企业面临成本上升、资金紧张等问题，它们抗风险能力较弱，对经济环境变化高度敏感。此轮商业银行信用风险反弹，首先表现为小微企业违约率上升。随着风险扩散，一些中型企业、大型企业也开始陆续出现违约现象。从不良率的变化趋势上看，从2016年第四季度起，上市银行的不良率已经开始趋于平稳，预计随着实体经济的企稳，新增不良的压力将会逐步减弱。新兴经济产业方面，自国家提出大力发展战略性新兴产业以来，全国上下掀起了发展战略性新兴产业的热潮，但高回报往往意味着高风险，战略性新兴产业作为新生事物，产业发展没有可模仿的成功路径，发展过程蕴藏着许多不确定性。银行在此过程中往往容易走向两个极端，要么盲目支持，要么轻易否定，前者只注

重新兴产业可能带来的巨大效益而忽视产业发展的风险，后者容易丧失市场机会，也与国家的产业政策背道而驰。

从深圳地区的情况来看，随着深圳市供给侧改革方案及行动计划的落地，产业转移会进一步提速。而内地产能过剩的传染也不容忽视，深圳本地资源日益饱和，企业持续地“走出去”拓宽生存空间。因此，业务涉及内地的产能过剩行业的深圳企业也将受到较大影响。比较明显的例子是建筑装修行业，内地房地产库存过大，房地产商账期拖长导致资金链紧绷。另外，对于前往内地进行房地产或过剩产能行业投资的客户，企业正常营运资金被挪用，也面临着较大风险。

深圳作为一座年轻、创新、拼搏的城市，孕育了华为、中兴、腾讯等一批优秀大型企业，并持续吸引着大量高科技人才来此发展。近年来深圳地区涌现出一批创新型的新兴企业，如华大基因从事基因测序研究（未来有望预防并攻克部分重大疾病）、柔宇科技从事可折叠可扭曲柔性显示技术研究（未来有望改变电子产品物理形态）等，这些企业在各自领域从事前沿技术的开发及研究并已取得一定成果，其所研究内容符合国家产业发展导向，有望给行业带来革命性变化，市场前景广阔；但同时这些企业处于起步期，其科研成果如果实现商用并转换为现金流，仍有待市场考验，盈利模式未成熟是该类企业现阶段的核心问题。对于该类创新型新兴企业，商业银行采取的是“不轻易否定，不盲目乐观”的态度。

（二）跨市场交叉风险，管控难度大。最近几年，随着金融市场化改革进程加快，金融市场竞争日趋激烈，不同机构间的交叉、融合不断加深，业务、产品创新不断涌现。这种交叉、融合的趋势，有效地打破了金融市场的分割，成为推动我国利率市场化的重要力量。不过，在提高金融效率、创造新盈利空间的同时，金融风险的交叉和传递也变得日益复杂，使流动性风险和市场风险愈发突出。尤其是利用资管业务进行监管套利和空转套利，大大降低了监管有效性。比较突出的，一是出于逐利和规避监管的目的，银行资产管理产品结构复杂，产品嵌套问题突出。无论是在资金来源还是资金投向上，银行资产管理产品与同业机构、其他资产管理产品嵌套的情况都比较普遍。多层嵌套增加了资产管理产品信息不对称程度，投资者很难识别资金最终投向的风险状况，一定程度上导致了风险在金融体系内部积聚和传染。二是“资金池”模式较为普遍。商业银行在资产管理业务资金筹集和投放过程中，一般采取滚动发行、集合运作的“资金池”模式，利用期限错配赚取溢价。期限错配模式必然会存在流动性问题，推动流动性风险上升。三是为了规避资本监管和信贷规模控制，银行机构利用通道、理财、委外等方式发展表外业务，借用同业科目发展类信贷业务，从买入返售到应收款项类投资实现信用扩张，但“隐性刚兑”的存在增加了银行体系的风险。四是银行发行的部分理财产品，资金端来自个人理财客户，资产端为公司客户，在银行理财产品未打破刚兑的情况下，出现风险事件后，银行面临着既要承担信用风险又要承担声誉风险的局面。

（三）民间金融泛滥造成的风险，日益暴露。自2013年下半年以来，各地非法集资吸储、民间借贷纠纷等案件大幅增加，主要原因有：信贷收紧致使扩张企业被迫靠民间借贷“短贷长用”维持运营；大批投机性借贷资金涌入房地产和采矿业，行业遭遇调控不景气，难免出现违约和坏账结局；部分中介机构以投资理财等名义非法集资，推波助澜。民间金融风险容易冲击实体经济，影响社会稳定，需引起高度重视。此外，当前民间融资多头监管和监管缺位问题较为突出，比如小额贷款公司和融资性担保公司由各地金融办监管，投资公司和中介机构归工商部门管理，而典当行由商务部门监管。多头分散管理致使监管长期缺位，担保、中介等机构纷纷“不务正业”，违规吸存放贷。

（四）反洗钱风险和案件风险，不容忽视。当前反洗钱工作形势依然严峻复杂，国际制裁事件时有发生，我国金融机构海外反洗钱合规风险上升，反洗钱国际标准趋严，需进一步加强反洗钱工作的培训和相关人员的培养，扎实做好今后一段时间反洗钱工作。

案件风险方面，外部欺诈风险加剧，有的客户自带虚假评估报告骗取银行贷款，不法分子伪造银行存折、保函企图骗取银行资金，借记卡遭克隆事件仍时有发生。此外，员工的道德风险也需加强防范，个别员工参与民间借贷、违规借贷、参与经商、分拆购汇；个别柜员开户、重空、贷款、智能柜台、代销业务操作不规范；个别理财人员有意引导客户风险测评、违反“双录”要求或授意柜员违规帮助客户制造虚假资金流水。

此外，房地产泡沫风险不能掉以轻心。据最近在广东东莞市调研，该市贷款增量中，今年前八个月的房地产贷款增量占比超过一半，挤占了实体经济的融资需求，带来风险隐患。

三、为防范系统性风险，应改革完善金融体制

金融风险背后隐含的是当前金融监管不适应金融行业发展的问题。不持有金融牌照的P2P、各种类型的财富管理公司、保险公司、交易所等，做着传统金融的业务，却游离于监管体系之外，带来风险的持续暴露。有的互联网平台集资诈骗、非法吸收公众存款等案件时有发生。而当前的分业监管体系也无法满足正规金融机构跨市场交易带来的风险防控要求，监管部门各有分工，监管规则各有差异，给金融机构留下同业合作中监管套利的空间，也增大了金融市场加杠杆的风险。建议：

（一）通过金融机构压降企业杠杆率，化解金融风险

商业银行应围绕产业结构调整的要求，实行总量控制、有保有压的差异化信贷政策，降低过剩产能对信贷资源的占用，持续加大对受益于国家三大战略的基础设施类、互联互通领域、“中国制造2025”等实体领域的信贷支持力度，支持产业升级和新兴产业培育。就深圳地区而言，在风险可控的前提下，加大对科技创新型企业的支持力度，减少对业务涉及产能过剩行业的支持力度。

加强大户集中度风险管理是当前形势下提升银行信用风险管理能力的重要手段，银行要加强对大客户过度授信、多头授信和关联授信风险的监测，防止信用风险传染放大。中行深圳市分行针对大额集团客户建立了集中度管理方案，制定了方案细则，对集团授信余额和授信份额开展评议或进行集团整体审批，一户一策，合理确定集中度管控策略，并严格执行，动态调整。通过此项措施，提升了全辖对授信客户集中度管理的认识和重视，强化了风险集中度的管控，严防“垒大户”。

要加大支持力度改善中小微企业融资环境，推动建立政府、银行和担保机构合作机制，建立贷款风险补偿机制。推动金融科技融合发展满足创新企业融资需求，探索设立科技创新银行，为创新型企业提供专业金融服务。清理整顿乱收费，努力降低企业融资成本。

（二）加强监管协调，统一监管制度和标准

当前，要通过加强监管协调，统一监管制度和标准来防范风险，实现“三协同”：直接金融和间接金融；传统金融和新兴金融；线下金融和互联网金融。目前，除银行以外，信托、证券、基金、期货、保险等金融机构纷纷发行自己的资产管理产品。发行主体不同，对应的金融牌照的价值就不同，资产管理产品的资金来源和资金范围也就不同。比如，《商业银行法》规定，银行不能直接投资股权，但保险公司发行的资产管理产品则可以从事直投业务。此外，与银行牌照相比，信托牌照在资金来源和投资范围上都更加灵活。在分业监管的框架下，不同类型资产管理产品的监管部门不同，由此导致监管标准不统一的问题。在这种情况下，由不同发行主体发行的本质属性相同的资产管理产品在实际中却适用了不同的监管标准，由此导致的不当创新（监管套利）在实际中较为普遍。当务之急是建立一些基础性的金融信息数据库，对跨市场交易行为的资金来源、流向等进行准确评估和快速反应。操作上需要建立一个超越现有机构之上、具有决策权的协调机制，让相关的监管机构能够在风险露头的时候进行统一协调和部署，杜绝监管真空，确保不发生系统性金融风险。

（三）稳步推进金融混业监管体系改革

长期来看，要加快研究怎样更好地改革和完善金融混业监管体系。金融监管体系的调整是一个漫长的过程，很难一蹴而就，尤其在金融风险逐步释放的情况下更要稳步推进，避免监管框架调整过快带来市场混乱。

今年的全国金融工作会议上宣布设立国务院金融稳定发展委员会，在保留并完善现有监管格局的基础上，实现了监管协同机制由虚向实的转变，并强调监管方向从机构监管向功能监管和行为监管的重心转移。这种渐进有序的监管改革路径既有望解决当前系统性风险管理面临的一些问题，又为后续综合监管引领综合经营的破局预留了空间。建议尽快细化金融稳定发展委员会的职能，并在上海、广东等地试点，参照此做法，成立地方金融稳定协调委员会，实现地区的监管协同机制。

（四）商业银行树立回归本源的理念，切实服务实体经济

银行业与实体经济相互依存、密不可分。一方面，商业银行作为直接参与市场经济活动的主体，其对实体经济的作用至关重要。另一方面，实体经济平稳健康发展，对银行业的可持续发展具有决定性的影响，百业兴则银行兴。一旦实体经济陷入衰退，则“皮之不存，毛将焉附”。现实中个别商业银行为谋取短期利益而过度发展虚拟经济，有钱就赚，充当了实体经济的“抽水机”，就成了舍本逐末，必将损害自身的长远发展。因此商业银行回归本源，服务实体经济，这既是引导资金“脱虚向实”的重要手段，也是银行自身发展的需要。

为此，商业银行应有保有压，助力供给侧改革，优化实体经济结构。2015年中央经济工作会议把工作重点定在了“供给侧改革”，商业银行应围绕产业结构调整的要求，实行总量控制、有保有压的差异化信贷政策，降低过剩产能对信贷资源的占用，继续加大对受益于国家三大战略的基础设施类、互联互通领域、“中国制造2025”等实体领域的信贷支持力度，支持产业升级和新兴产业培育。

在制造业领域，重点支持《中国制造业发展纲要（2015—2025）》中规划的新一代信息技术产业、生物医药与生物制造产业、高端装备制造产业、新能源产业等四大产业领域。对低端制造业，按照不同授信策略实行分类管理，稳妥把握信贷退出节奏。

在“走出去”领域，提供高效全面的金融服务，主动对接重点跨境并购及“一带一路”国家战略项目。为行业龙头企业提供出口买方信贷、国际银团贷款、跨境资金运营等全方位服务。

在房地产领域，商业银行应该坚定跟随国家房地产去库存政策，因地制宜、分城施策，采取差异化房地产信贷政策，对于投机性房地产信贷需求要严格控制，对于刚性住房需求，应给予支持。如深圳市政府提出租售并举的长效机制，银行可配合加快房地产租赁金融配套服务的研究。

在产能过剩领域，商业银行应提升精细化管理水平，提供多元化金融服务，支持企业并购重组。除了化解去产能多引起的直接风险外，更需要关注产能过剩行业的上下游企业或者关联企业的间接影响。防范产能过剩行业信贷风险沿产业链进一步波及上下游企业，导致大面积资金链断裂的多米诺骨牌效应。

（五）虚拟经济发展要适度，坚持为实体经济发展服务

虚拟经济与实体经济二者既有一定的对立，也有一定的统一性。实体经济是目的，虚拟经济则是手段，是工具。只要管控得当，虚拟经济可以成为撬动实体经济的有力杠杆。虚拟经济不存在做与不做的问题，而是应该有限度、稳健、审慎，在有管控的前提下发展。

要对虚拟经济总体规模进行管控。庞大的银行理财资金是影子银行最重要的资金来源，要清理回收一批不符合最新监管要求规定的业务，如部分土地融资等，压缩一批与国家发展方向不一致的业务，决不能掩耳盗铃。对于影子银行业务，需加强穿透性管理，限制期限错配及杠杆投资。对于嵌套类的投资业务，需拉直融资链条，减少交易环节，一方面对企业而言能降低成本，另一方面银行也能实现更有效的风险管控。对于部分切实服务于实体经济的理财类业务也要适当予以保留，不搞一刀切。

（六）妥善处理创新和发展的关系

金融创新是一把双刃剑，可以促进金融发展、充分发挥金融在资源配置中的作用，更好地服务实体经济；但如果创新过度的话，不仅会危及金融体系自身安全，也会冲击实体经济的稳定。有中国银行学者提出金融存在“不可能三角”理论：金融稳定、道德风险和金融创新（金融自由化）。当金融稳定和降低道德风险成为选项后，金融创新和金融自由化就会被放弃。理论上讲，这是一个降低系统厚尾风险（指极端情况出现的可能性增加而且频繁，不寻常的事件可能造成市场行情的大幅震荡）的过程。

近期，金融监管治理的重点是同业、理财和委外等业务，目的是防止资金脱实向虚和套利活动，引导金融机构支持实体经济。监管加强后引起了股市和债市的阶段性调整，但金融监管不能因噎废食，短期和局部的风险释放有利于金融的长期和系统性安全。怎样才能在改善金融对实体经济支持的同时，有效防范金融风险？第一，积极引进民营银行、互联网金融以及直接从事融资服务的机构，改善对中小企业以及普通百姓的金融服务，支持创新与产业升级。第二，真正落实让市场机制在金融资源的配置中发挥决定性作用，进一步推进利率市场化，推动货币政策框架从直接、数量型调控转向间接、价格型调控，积极寻找有利时机提高汇率的灵活性，同时强化市场纪律，让已经失去竞争力的产品和企业特别是僵尸企业退出市场。第三，改革金融监管框架，既要完善宏观审慎监管框架、尽早发现并控制系统性的金融风险，又要不断完善建立互联网金融的监管框架，在加强金融监管政策协调性的同时，提高监管部门的专业性、独立性和权威性。

（七）多管齐下，增强商业银行处置不良资产、化解风险的能力

首先，要建立有效的风险管控机制。建立有效的风险管控机制应始终遵循商业银行的普遍规律和一般原则。经营理念上，坚持风控优先，审慎稳健；业务发展原则上，坚持实质重于形式，实事求是；风险管控方法上，坚持追本溯源，回归传统，坚守银监会提出的“三性”原则、“三铁”原则和“三查”制度；从业心态上，坚持“工匠精神”，踏踏实实、精耕细作，不急功近利。

其次，要充分发挥银行业金融机构债权人委员会的作用。实施债权人委员会制度，有利于构建各银行业机构信息交流和协调一致行动的平台，可以推动债权银行精准发力、分类施策。对于暂时困难企业，债权人委员会可通过稳定信贷支持，帮助企业渡过难关。对于长期亏损且扭亏无望的高风险企业，债权人委员会可实施有序的信贷退出，尽量减少对地方经济造成影响。同时在模式上可立足实际创新，与现有的银团贷款、资产重组、拆圈解链、有序退出等多种模式有机组合。但由于各行债权大小的不同以及化解策略的差异，也屡屡发生银行间难以协调一致的情况，建议在发生这种情况的时候，由当地监管部门介入协调，促成处置方案的尽快形成。

最后，需要各项政策支持配合。从目前的情况看，不良资产处置市场化程度不足，竞争无序，导致难以形成有效的价格发现机制及存在道德风险等弊端。建议构建多元化交易市场及配套服务，丰富市场参与主体，逐步建立相关的资本、产权、招投标、拍卖和抵押品市场，搭建专门的不良资产交易平台。同时，大力发展围绕着交易市场进行服务的信托、租赁、法律、会计、评估和评级行业。形成有层次的一、二级市场，形成有效的价格发现机制。

（八）加快构建普惠金融支撑体系，增强实体经济可持续发展的能力

普惠金融的目标就是要构建多层次、广覆盖的金融体系，解决对中小企业金融服务供给不足的问题。中小企业是实体经济可持续发展的根本所在，而中小企业贷款有着风险高、投入高、笔数多、收益少的属性，与商业银行追求效益的商业原则存在一定的矛盾，需要商业银行及监管、政府等合力解决。

一方面，建议商业银行自身应持续提升业务创新和科技创新能力，提高中小企业金融服务的覆盖率和可得性。同时完善风险管控水平，降低成本，从而提高整体收益，形成良性循环。据调查，中国银行深圳市分行在发展普惠金融的道路上不断摸索不断创新，在风险可控的前提下，借助互联网技术和供应链金融模式，设计出了多种标准化的快速融资产品，以及依托华为、万科等核心客户的应收账款，个性化定制供应链金融产品等，为广大中小微企业解决了融资问题，既有力支持了实体经济发展，又有效控制了风险，保证普惠金融体系的长效运转。

另一方面，建议监管部门及政府部门进一步配套相应政策，营造普惠金融的良好环境。建议监管部门针对普惠金融，进一步实行差别化的考核评价办法。例如进一步提高中小企业的不良容忍度，并制定切实有效的普惠金融信贷支持政策，良性引导商业银行积极参与普惠金融发展。建议各地省市政府，可设立中小企业融资担保公司，或成立以“政府出资为主、银行出资为辅”的中小企业信用保证基金，为中小企业融资增信。通过政策引导和增信支持双管齐下，激活普惠金融的整体活力。

（全国金融工作会议召开前后，本人到广东省广州、东莞、深圳等地进行了调研，并重点吸收了中国银行深圳分行有关同志的研究成果）

2016年

加强金融审判，依法防范金融风险

——广东省法院系统的经验和做法

防范和处置金融风险，与人民法院的关系十分紧密。最近，全国政协经济委员会围绕深化金融改革、防范系统性金融风险这个主题在广东调研时，专门来到广东省高级人民法院座谈听取意见和建议。到人民法院去调研，我虽然当了十年全国政协委员，但这还是第一次，机会难得，收获很多。

广东是经济大省，也是金融大省，金融业发达。全省金融业法人机构数量、金融业增加值、社会融资规模均居全国首位，其中，金融业增加值占GDP的比重超过8%。

在金融业快速发展的同时，广东省各类涉金融诉讼案件增长快、总数也较多，尤其民事纠纷数量较大，主要是民间借贷纠纷、金融借款合同纠纷。而且，各类房地产案件与金融关联度高、涉及千家万户。此外，各种花样的金融犯罪大案较多，如非法集资、信用卡诈骗、电信网络诈骗、非法吸收公共存款等案件，涉案范围广、金融数额高、影响大，对金融稳定和社会稳定造成一定冲击。

面对以上情况和金融行业特点，广东省人民法院系统在全省相继设立金融审判庭或专业合议庭，集中审理涉金融纠纷案件，有的地方法院还设立专门的破产审判庭，使全省的金融审判形成专业化的格局。他们的主要经验和做法有以下几个方面：

（一）依法打击金融犯罪，坚决维护金融安全

一是保持打击非法集资的高压态势。配合大力整顿规范金融秩序，严厉打击金融犯罪、非法集资等犯罪活动，特别是以金融创新名义逃避金融监管、大肆套利活动的非法吸收公众存款或集资诈骗作为打击重点，坚决维护金融安全。按照整体从严的要求，对于罪行严重、情节恶劣的犯罪分子，该判处重刑的依法判处重刑，注重附加适用财产刑。

二是坚决依法严惩其他涉金融犯罪。依法打击资金掮客和资金融通中的犯罪行为，诸如银行人员内外勾结进行高利贷转贷、利益输送，或金融机构人员违规发放贷款，以及公司企业人员在申请贷款中虚构事实、隐瞒真相骗取贷款等犯罪；依法惩治欺诈发行股票、债券，违规披露、不披露重要信息，内幕交易、利用未公开信息交易和操纵证券、期货市场等证券犯罪。

三是加强与政府部门协作配合。建立和落实重大敏感涉众型经济犯罪审判工作机制，在党委和政府的统一协调下，妥善处置案件审理中的社会稳定和财产处置问题。积极参与防范和处置非法集资、互联网金融风险专项整治、打击利用离岸公司和地下钱庄转移赃款等多个涉经济领域的专项行动，加强与金融监管部门密切配合，形成防控金融风险合力。

（二）维护金融机构合法权益，引导规范金融行为

一是完善多元化纠纷解决机制。根据最高人民法院与“一行三会”开展诉调对接的要求，广东高院与“一行三会”在粤机构细化了纠纷化解机制，建立金融消费纠纷诉调衔接工作机制，有效化解金融消费纠纷，维护金融消费双方合法权益。积极支持金融行业协会调处纠纷，共同防控金融风险。针对近年来证券期货纠纷增多的情况，广东法院还加强了与证券监管机构、行业协会的协作，广东、深圳法院被最高人民法院确定为证券期货多元化纠纷解决机制试点法院。

二是加强金融审判工作规范。制定《广东省高级人民法院关于审理伪卡交易民事案件若干问题的指引》等规范性文件，统一有关案件裁判尺度。出台《广东省高级人民法院关于保险机构诉讼担保若干问题的意见》，规定金融机构申请诉讼保全的，接受金融机构提供信用担保，保障金融债权实现。按规定减、免、缓中小金融机构作为债权人的案件诉讼费用，减轻金融机构追收金融债权的成本。与银行等金融机构实现诉讼文书网上送达，提高诉讼效率。

三是依法保护金融债权。注重正确认定担保责任，依法保护金融债权。依照物权登记的公信原则，正确认定抵押登记的效力。妥善处理银行享有的抵押权与建筑工程款优先权之间的冲突，严格依法确定建筑工程款优先权。依法认定应收账款质押权法律效力，保障金融机构合法权益。依法适用代位权制度，支持金融机构实现债权。债权人债权的合法性为行使代位权的实质条件而非诉讼条件，不能以债权未经法院或仲裁机构审查确认为由，对债权人的代位权诉讼不予受理。正确把握代位权诉讼标的，除到期债权外，对于保险公司等金融机构代位行使权力的，依法予以支持。对企业的法人资格进行实质性审查，企业开办人、股东、投资人、发起人利用法人的独立人格及有限责任恶意逃废债务的，依法严肃追究责任。

四是依法支持金融改革。积极配合金融改革和金融监管机构调整要求，支持金融监管机构依法履行监管职责，推动和保障金融监管机构依法行政。加强对因互联网金融、股权出质、保理、证券期货交易、委托理财等引发的新型案件调研，妥善审理有关涉诉案件，支持金融创新。对于法律、行政法规没有规定或者规定不明确的，遵循商事交易和金融行业特点和惯例，坚持维护社会公众利益原则，充分听取金融监管机构意见，既依法办案，又不简单否定金融创新成果，为金融创新提供必要的成长空间。

（三）发挥破产审判职能，依法保障金融债权

一是畅通“僵尸企业”退出通道。有效发挥破产清算和破产重整制度在优胜劣汰、优化资源配置方面的重要功能，推动存量资产重组，优化资产增量。对于已不具备市场竞争力和运营价值的“僵尸企业”，及时破产清算，有序退出市场，消除三角债务，降低企业杠杆率。

二是力促破产和解及重整，提高企业还债能力。在破产案件审判中，对出现经营困难但有再生希望的企业，尽可能维持企业正常经营，提高企业还债能力，实现金融机构合法权益。按照尽可能“多破产重组，少破产清算”的要求，积极引导当事人选择适用重整程序或和解程序，努力促进各方当事人利益最大化，实现企业涅槃重生。确立重整优先的原则，对不同当事人既申请破产清算又申请重整的案件，尽量优先受理重整申请。这几年来，救治并盘活了多家亏损企业，维护了社会和经济秩序的稳定，取得了良好社会效果。其中深圳中华自行车（集团）股份有限公司破产重整案，被最高人民法院评为2016年全国“推进供给侧结构性改革企业破产重整及清算十大典型案例”。

三是依法维护金融机构债权利益。坚持破产清偿顺位，依法保护银行抵押债权。积极探索小额破产案件和无财产、无账册、无人员企业破产清算案件的快审机制，提高破产案件审理效率，尽量避免因清算延迟导致企业资源和财产枯竭、难以重新利用。对被执行人为符合破产条件的企业，根据具体情况促使其依法转入破产程序，通过重整或和解来清偿债务、退出市场，依法维护市场主体合法权益，有效解决包括银行债权在内的债务偿还问题。省高院出台有关意见，规范“执转破”工作原则、适用主体、移送条件、移送程序，明确特殊执行费用列支、执行信用惩治措施解除、不移送破产审查财产范围等，依法促进符合破产条件的企业及时转入破产程序。

在座谈中，广东省高院的同志也反映了金融审判中发现的有关问题，应引起金融业界的重视。

一是金融监管存在明显漏洞。在非法集资类犯罪等案件中，犯罪主体从注册成立到最终案发的整个活动环节涉及工商、税务、金融等诸多管理部门，监管不力或失查是主要问题。在金融贷款纠纷中，也往往是由于金融机构盲目拓展贷款业务，对借款人资产监管不到位而造成贷款无法收回。随着网络金融的发展，如何加强对网络P2P等融资平台的监管，更成为维护金融秩序、防控金融风险的重点。

二是社会诚信意识和风险意识薄弱。审判实践中，因债权超过诉讼时效、或是保证合同无效、欺诈担保、保证责任免除抗辩等，导致金融机构丧失胜诉权。部分借款人未按合同约定的资金用途使用贷款，甚至套取贷款发放高利贷谋利。在房地产交易等案件中，由于房地产市场价格波动较大，合同约定的违约金小于房产价值振幅，交易者往往受利益驱动选择毁约，影响市场交易稳定。许多投资者缺乏经济金融知识、法律知识，对投资理念及风险认识不足，理性辨别能力不强，不能区分合法与非法的界限，在高额利润的诱惑下，盲目投资，埋下风险隐患。甚至部分被害人（投资者），通过上访、闹访等方式要求法院释放或判处非法集资者无罪。

三是金融机构怠于行使权力。金融机构在债务人有清偿能力或部分清偿能力时不及时主张权力，而是采取各种方式长期催要，甚至通过续贷等方式延长贷款期限，造成诉讼时债务人已完全丧失偿债能力。部分金融机构在发放信用卡、发放贷款过程中，不注意收集当事人身份、地址信息，造成形成诉讼时法院难以及时维护权益。尤其是金融机构在批量剥离不良贷款时，怠于行使申请续保等诉讼权利，为将来实现债权留下隐患，或者怠于履行告知等义务，导致债权受让人的诉讼权利无法保障。

针对上述问题，政协委员与广东省高院的同志充分互动交流，并提出了许多建议，主要有：

一是严格规范金融市场交易。当务之急是加强对重点领域的实时监管，健全对小额贷款公司等非银行金融机构的市场监管，引导民间借贷规范化。要重视对网络融资平台等个人抵押贷款业务创新品种的监督，完善非法集资类犯罪检测预警体系，定期采集数据，加强信息分析，及早预警和防范风险，及早纠正违规违法行为。要建立社会化金融机构破产管理机制，畅通问题金融机构市场退出机制。

二是强化金融机构防范风险主体责任。金融机构要加强对借款人的审查，对还款能力不足的个人或企业要严格限制发卡放贷。要加强放贷后资金用途监督，防止借款移作他用或用于不正当活动。要规范信贷人员放贷行为，严肃追究未尽到严格审查义务的信贷人员责任，并健全同业通报机制。对于逾期或已经存在信贷风险的，应及时启动减损机制，避免损失扩大。

三是加大金融工具管理力度。加强对移动支付等新支付模式的管理，切实提高信用卡的服务质量及使用安全性。严格规范POS机日常管理，对特约商户信用卡日常交易活动有效监管。尽快淘汰磁条信用卡，强化技术监督和防止犯罪的手段。加强对P2P等网络金融行为的监管，防止涉众型金融纠纷和金融犯罪案件发生，破坏金融秩序，引发金融风险。

四是推动建立个人破产制度。在健全社会诚信体系基础上，建议允许作为债权人或自然人在个人财产无法清偿到期债务时，通过法定程序宣布个人破产，进行财产清算和分配。在物权法和存款实名制基础上，对拖欠银行等金融机构债务的个人，有条件豁免，解决金融机构呆账坏账存量压力不断增大的问题，降低金融机构通过诉讼等途径无效追偿的成本。在非法集资类犯罪案件中，还可以防止当事人利用"私力救济"逾越法律红线，造成群体性事件。个人宣布破产后应当对破产人奢侈消费和商业行为进行法律制裁。

（全国政协经济委员会《推动金融体制改革、防范系统性金融风险》专题调研组由中国银监会原主席刘明康任组长，宁夏回族自治区原政协主席项宗西为副组长。其他成员除作者外还有：中国石化集团公司原董事长傅成玉、中国移动原董事长奚国华、中国保监会原副主席李克穆、建设银行原监事长谢渡扬、交通银行原监事长华庆山、全国政协经济委员会办公室副主任彭丽文以及在广东的著名企业家、全国政协委员苏如春、江南、翟美卿等）

2017年

坚持宽准入、严监管，引导新兴金融业态规范有序健康发展

——对新兴金融业态的调查与思考

近几年来，互联网金融、私募股权投资机构等新兴金融业态正伴随着进入新常态的中国经济而蓬勃发展，而且势头方兴未艾，同时也存在着一些需要规范和解决的新问题。本文抓住随全国政协经济委员会组织各种调研的机会，多次深入到深圳、东莞、上海、杭州等新兴金融业态最活跃、最发达的地区进行了专题考察。深深感到，风生水起的新兴金融业态在很大程度上服务实体经济并为经济社会的发展提供了新的动能，同时也引发了诸如非法集资、网络诈骗和企业主跑路等社会问题和违法犯罪案件。我们要因势利导，坚持宽准入、严监管，引导新兴金融业态规范有序健康发展。

根据现行规定，持牌照的金融机构实行行政前置审批，能有效控制一个地区的均衡度。而私募股权投资机构登记不设行政审批，不设准入门槛，符合登记条件即可申请登记展业，随后私募投资机构可自愿向中基协申请备案登记，即实质上为“无门槛注册+意愿备案”管理制度。近年来，随着私募股权投资行业的快速发展，对推进并支持大众创业、万众创新起到很大作用，但也暴露出很多缺陷和问题。以深圳为例，该市较早实施商事登记注册改革，以及市场化机制和活跃创新金融氛围，吸引了一大批股权投资机构来注册，致使大量私募股权机构均未进行备案，存在大量空壳公司、不具备展业能力的公司，完全游离监管之外，难以实施有效的

信息披露与日常监管，容易成为影子银行、跨界金融和涉嫌非法集资的风险源头。同时，部分股权众筹平台、第三方基金销售机构违规经营发行私募基金类产品，通过平台拆分份额或项目卖给公众投资者。这种模式易将风险转嫁给公众投资者，从而引发群体性事件。

各类资产交易场所无疑是多层次资本市场发展的有益补充，对盘活企业资产存量、激发民间投资活力起了很大作用。但是，目前交易场所领域多头监管现象较为严重：从事保险、信贷、黄金等金融产品交易的交易场所，由国务院相关金融管理部门批准设立；其他使用“交易所”字样的交易场所，需征求证监会牵头成立的联席会议意见后，报省级人民政府批准。这种多头监管、“多头治水”的局面，容易造成职责不清、相互推诿、风险处置责任不清等现象，难以形成有效的监管合力。同时，交易场所由各地方金融监管部门进行监管，各地出于地方招商利益等诉求，其准入条件、监管尺度标准不一。有的交易场所的异地分支机构及会员单位未向当地主管部门报备就开展业务，完全游离监管之外，使得交易场所成为非法集资、金融诈骗的高发地，造成投资者较大损失，导致群体性维权事件频发，给各地带来较大的维稳压力。

2014年起，全国实施商事制度改革，简化企业市场准入手续，开拓了“双创”新局面，对激发工商类企业的市场活力起到积极作用。但金融作为特种经营许可的行业，具有涉众性、风险性、传染性、杠杆性等特征，需要严格审批和监督管理。中央授权给地方进行试点监管的新兴金融如小额贷款、交易场所、P2P、私募投资、其他资管类业态亦对外募集和管理公众资金，具备较强的金融属性，但由于始终未定性为金融机构，在商事登记注册期间仅按照一般工商类企业进行简单注册，导致进入行业门槛成本低，源头风险治理缺乏手段，难以实现全面有效的监管，主要表现在以下几个方面：**一是企业量多质低，“空”“假”并存问题。**商事登记改革的便利，造成自然人在无实际注册资金（认缴注册）、无实际经营地址、甚至无相应金融专业人才的条件下，即可注册多家P2P、私募投资等类金融企业，且不受任何监管约束，由此催生了大批新兴金融企业。根据了解，深圳市名称或经营范围中包含“金融服务”“基金”“资产管理”“投资管理”“投资咨询”“财富管理”等字样的企业高达24.4万家，基本处于“无门槛、无监管、无标准”的三无状态，且一半以上企业为零成本注册，风险隐患极大；往往在企业资金链断裂或企业主跑路后才介入调查，给投资人造成重大损失。**二是注册地址和经营地址分离问题。**商事登记改革允许企业注册地址和实际经营地址分离，甚至可在居民住宅楼开展经营业务，或以“住所托管”的形式进行商事注册，这些均给金融风险排查带来较大的困难。深圳前海借鉴香港、新加坡等地经验，设立商务秘书有限公司，按照“住所托管”形式对入区企业办理注册，注册地和实际经营地分离。注册在前海的P2P问题平台（停止运营、提现困难、失联跑路），没有一家实际经营地在前海。注册地在深圳市而实际经营地在其他省市的互联网金融机构占总数的10%；地方之间金融风险协同治理和监管机制缺失，对于跨区域经营的互联网金融企业难以实现有效监管，容易形成风险跨区域蔓延传递。**三是公司内部股权架构混乱问题。**按照现行《公司法》规定，除一个自然人只能投资设立一个一人有限责任公司外，对其他公司形式不限制个人投资数量，即一人可以注册多家公司，给不法分子和违规企业有机可乘。公司与公司之间进行关联或自行担保，从事自设资金池、自融、发行假标等违法违规活动，不仅擅自脱离监管范围，且资金流向异常混乱。**四是冒用盗用身份证注册公司问题。**商事登记改革极大简化企业办事流程，企业网上注册凭数字证书（或U盾）上传法人、股东的身份证即可进行商事登记注册。特别是个人遗失的身份证即使向公安部门申请挂失后，内部的芯片不能消磁，仍可继续使用；导致不法分子利用上述这些漏洞，在农村偏远地区集中收集身份证复印件批量进行公司注册，或盗用、冒用他人身份证虚假注册且从事洗钱、诈骗等违法违规活动。

除此之外，保险中介市场和跨境金融涉嫌洗钱等问题也有所凸显。保险中介市场企业大量注册。这些企业游离于保险监管之外，存在炒牌照套利的可能性，或实际从事其他非法违规金融活动，给保险市场的平稳发展带来一定隐患。金融新兴业态发达的地区，跨境金融暗流涌动。结合自贸区跨境政策，一些不法分子利用虚假投资、虚假贸易进行洗钱的犯罪呈现高发态势，将非法收入以投资海外资产的形式汇往境外账户，又反复以投资名义划转回国内；通过利用虚假跨境贸易，“高进低出”或“应收账款”方式，逐步掏空国内资产；通过地下钱庄大量进行非法买卖外汇、跨境汇兑。

针对新兴金融业态发展中的上述新情况、新问题，建议如下：

（一）明确新兴金融的金融本质属性

我国在界定互联网金融的本质属性上与欧美国家存在一定差异，如将P2P界定为信息中介平台，并非传统意义上的金融业务，其从事借贷撮合业务是民事关系。而在美国，从法律上把P2P定位为证券，归证监会管辖；英国也把P2P由金融行为监管局和民间的P2P行业自律协会协同监管。建议明确互联网金融等新兴金融机构从事金融的核心本质，全面提升新兴金融企业的公司治理水平，实行严格的准入和监管制度，提高机构准入门槛，强化事中事后监管，从源头上把控进入新兴金融行业的机构资质，要求股东背景良好，资本实力雄厚，纳税记录良好，核心高管人员具备金融从业经历，注册资本金要实缴方式出资，实缴资本金达到门槛标准等。

（二）理顺监管机制，明确地方监管职权

新兴金融的跨业态融合、跨区域经营等特征显著，对协同监管、监管效率等提出更高要求，传统一行三会分业金融监管体系难以适应新兴金融业务发展新形势、新要求。建议借鉴英国金融行为管理局（FCA）的模式，从法律上明确界定新兴金融的监管权责，适度扩大纵向分权，赋予地方对金融管理的立法权、金融执法权、行政处罚权，使得监管履职和风险整治有法可依，能够统筹解决包括互联网金融、影子银行、资产管理等在内各类新兴金融存在的问题，重点防范跨界、混业和套利等行为可能引发的系统性金融风险。

当前互联网金融、私募投资机构、小额贷款、交易场所等领域虽然明确了监管部门或规范办法，但均是由中央授权地方审批或备案试点，缺乏系统性的上位法指导，虽然近年来各地方探索监管措施，但由于地方招商利益驱动或其他因素，监管约束执行力不强、部门职权界定不清、跨区域联动不够，导致风险事件频发要加快构建自上而下统一的行业规则，明确业务标准、监管红线、部门职责、处罚措施、风险处置流程等，为地方金融监管治理提供依据和遵循。同时，对新兴金融行业配套管理制度建设给予指导，包括联合资质评审制度、现场检查制度、专项统计和信息通报制度等，实现新兴金融领域全覆盖监管。中央有关部门应实时跟踪市场动态，及时界定新业务模式及规范经营标准，为各地金融监管部门开展风险排查及日常监管提供指导意见，并指导完善新兴金融现场检查制度，丰富检查手段和方法，构建全面检查、专项检查、后续检查、稽核调查相结合的现场检查体系。统筹建立常态化培训机制，将地方金融管理纳入中央各金融监管部门的培训体系，促进提高地方金融干部的专业素养。

对小额贷款、交易场所等授权地方政府进行监管的新兴领域，由中央监管部门在制度层面制定统一的准入门槛和业务规范等，各地方政府结合辖区实际在执行层面负责具体的日常监管和风险处置，从而减少和解决各地新兴金融监管可能出现的“寻租”空间和“多头治理”局面。为支持西部地区，可适当降低门槛，制定区域性差异化监管措施和手段，满足中西部省市招商引资需要；同时对于东部等经济发达区域明确提高相应的准入门槛和从严治理的标准要求，便于国家进行规范管理，消除各地监管不一引发的各类金融风险。

（三）创新监管体系和手段，强化事中事后监管和退出机制

一是探索建立全国性新兴金融机构的银行账户查询系统和征信平台。从前期P2P现场检查经验来看，当前地方金融监管部门无权调取违规企业及其高管的银行账号，且目前企业异地开户现象也较为普遍，无法短时间内赴异地调取银行资金账户信息，进一步加剧了企业资金流向和交易行为的监控难度。因此，建议探索建立全国新兴金融机构统一银行账户系统，将所有的新兴金融企业账户及其高管个人账户纳入到银行账户系统，实时监控账户开立和使用情况，强化账户系统的查询、统计、监测功能，通过大数据分析对比，及时发现和识别异常交易行为，防范和打击洗钱、诈骗、非法集资等犯罪活动。同时弱化行政区域属性，授予地方金融监管部门跨区域调取数据权利，为防范非法金融活动提供资金账户线索，消除监管盲点。探索建立全国新兴金融征信平台，将全国新兴金融机构纳入统一的央行征信系统，建立诚信“黑白名单”制度，实时公布失信企业名单，强化警示震慑效应，促进社会信用制度建设。

二是探索建立全国性新兴金融云服务查询平台。当前不少P2P平台等新兴金融将交易数据托管在云服务公司，金融监管部门难以进行风险排查或纳入监控，且不少云服务公司在异地，进一步增加了数据调取的难度，难以防范虚假交易、非法集资等金融风险。因此，建议探索设立全国性云服务查询平台，严格规定所有云服务公司开放端口接入平台，金融监管部门有权实时查询和调取其所服务的新兴金融企业的交易数据，并通过大数据、云计算等信息技术发现异常交易行为，结合银行账户查询、现场检查、上下游走访等手段，严防金融违法犯罪行为。此外，还可充分发挥云服务查询平台优势，制定信息披露标准，要求所有新兴金融企业必须对外披露经营数据，督促企业公开、透明化运营，促进行业规范健康发展。

三是建立全国性互联网金融风险监测和预警机制。鼓励各地方政府建立互联网金融风险监测预警系统，通过实时收集P2P等新兴金融的基础数据，设置各类风险预警指标，运用大数据、云计算等技术手段，动态监测、及时预警，主动识别和防控金融风险。同时，搭建新金融资金托管清算服务平台，通过对资金的监控管理，保障风险高发领域的交易真实性和资金安全性。支持深圳等发达地区开发地方金融风险预警监测平台和监管系统，组建新金融资金托管清算服务平台，推广至全国各省市免费使用，为地方金融监管治理探索道路、积累经验。

四是进一步完善新兴金融市场退出机制。据调查，有的地区存在大量“僵尸企业”，加剧洗钱、恐怖融资等非法金融活动的风险，但依据目前法律法规，工商管理部门、金融监管部门无法吊销此类企业，难以有效防范和处置风险。要进一步完善新兴金融市场退出机制，明确“僵尸企业”存量机构取缔工作的有关事项，通过完善法律法规明确存量机构的取缔标准和清理手段，对于“僵尸企业”、未按要求备案机构等应予以吊销营业执照并取消商事主体资格。

（四）掌握新兴金融的运行特点，进一步明确新形势下非法集资特征和边界问题

随着互联网金融的兴起，各类打着“金融互助”“电商返利”“虚拟货币”“公益众筹”等名义的网络平台异军突起，利用监管滞后的漏洞，游走

在非法集资等违法犯罪的边缘，难以确切认定其违法行为。目前由银监会负债非法集资的认定、查处和取缔，人民银行、公安、各地方政府配合相关工作。但银监会作为银行业金融机构的主管部门，专业领域有所限制，难以有效甄别并认定互联网时代新兴金融非法集资行为；且多部门的联合认定，意见较难统一，往往延误“打早打小”最佳时机，在企业资金链断裂或企业主卷款跑路后才依法处置，给投资人造成重大损失。建议从法律角度进一步明确新形势下非法集资的特征及界定，同时针对缺乏监管主体的新兴金融涉嫌的非法集资案件，由公安部门统一进行认定，以便将非法集资扼杀在苗头阶段，维护金融秩序稳定。针对身份证遗失后不能消磁还可继续使用的情况，公安部门应更新技术，或采取有效措施实现身份证挂失即失效功能，以防止不法分子盗用、冒用他人身份证进行违法犯罪活动。

（五）加强协会建设，充分发挥社会行业自律组织的自我规范作用

目前，传统金融行业由各对口监管部门实施统一监管，并成立统一的行业协会，作为金融监管的有效补充和重要环节。新兴金融作为新业态，相比于受严格监管的传统金融风险更大，更需要加强业务指导和行业自律，在行业管理体制上应参照国家相关监管办法和行业协会模式。目前在新兴金融领域，行业协会无须经过金融监管部门审批即可成立，不少企业出于自身商业利益纷纷牵头发起成立行业协会，导致以“商会”“协会”等各种名目协会层出不穷，存在为会员增信背书、发布虚假消息等乱象，加大了监管部门统筹开展行业自律的难度，个别协会甚至公然对抗国家监管行为，抵制国家管理制度，严重干扰了行业政策落地，影响了行业健康规范发展。建议明确规定新兴金融行业协会必须由金融监管部门或地方金融办发起或批准设立，不再另设同质性的其他行业组织，有利于统一管理、统一自律。同时，金融管理部门要加强指导，引导行业规范发展。

（本文主要根据在深圳市调研座谈的情况综合提炼而成，吸纳了有关同志的观点）

2017年

“新型城镇化”的社会意义大于经济意义

今年6月，我赴湖北参加了全国政协经济委员会组织的“积极稳妥推进城镇化，着力提高城镇化质量”专题调研。通过长期观察思考及实地调研总结，我认为，当前的城镇化建设一定要注重新的思路，即抓住中央提出的“新型城镇化”主题，以区别于传统意义的城镇化。

城镇化是我国人口分布、地区结构调整的过程。改革开放以来前30年的城镇化建设，通过成功推动经济结构调整为农民工进城创造了良好的就业条件，特别是诸如长三角、珠三角等地区的劳动密集型产业，将进城农民培养为熟练的产业工人，使他们获得了稳定的收入来源，能够安心进城安家落户。与此同时，我国第一产业在三次产业间的比例关系逐渐下降，经济结构、产业布局发生重大变化。

但农民进城还会产生一系列社会问题，传统城镇化却没有把农民工当作市民，引起了文化、教育、卫生，特别是社会保险等方面的问题。总结过去二三十年来城镇化发展的经验教训，才能更好地推动新型城镇化建设，这些教训应该吸取。很明显，城镇化既是经济结构、也是社会结构的调整和提升。我认为新型城镇化的社会意义大于经济意义。

因此，在新型城镇化建设中我们要防止产生两个预期：一是要防止投资房地产、投机房地产的群体借城镇化推高房价的预期；二是要防止地方政府借城镇化大搞形象工程，以此拉动地方GDP增长的预期。这两个预期涉及政府、企业、个人三个主体，我们要防止这三个主体抱着这样的预期进行城镇化建设。

新型城镇化建设要以农民工为主线来确定发展思路，同时结合社会结构、产业结构等因素，制定相关政策

从社会结构调整的角度上看，应届毕业大学生也是城镇化过程中的一支主力军，是将对广大城乡发展产生深远影响的群体。每年约有700万大学生面临就业，10年就是7000万劳动大军。虽然不如农民工那么庞大，但是他们具有较高文化层次和素质，是重要的建设力量。因此，新型城镇化建设要给大学生就业留下空间，在产业分布上要引导他们在较高技术水平的产业或传统产业中的高层次岗位就业，在地域分布上则主要补充大城市中的白领岗位。

与此相对比，大量的农民工应由劳动密集型产业以及对文化程度要求较低的岗位来吸纳，在地域分布上则以中小城市、小城镇为主。虽然大城市也需要农民工补充劳动力资源，但是大城市的融入门槛相对较高。有的是行政门槛，但多数是自然形成的门槛，比如稳定就业。大部分农民工都要跟着项目走，比如参与城市地铁建设，等地铁修完了，修地铁的农民工99%都留不下来，要么转移到其他项目中去，要么就要回老家。而中小城市、小城镇以及劳动密集型产业能够为他们提供长期稳定融入的基础。

此外，传统城镇化建设在社会建设上欠账较多，阻碍了城镇化建设的进一步发展。在总结经验教训的基础上，就要从社会问题入手，在社会保险、教育卫生等方面对农民工给予补偿。在保障性住房、教育卫生、社会保险等领域对进城务工时间较长的农民工应按照公共服务均等化的原则和政策让他们享有城市居民能够享受的福利，有尊严地生活在这个城市。比如出台指导性政策，让符合一定条件的农民工子女就近入学。

科学合理规划城镇化发展布局

新型城镇化建设应综合考虑经济、社会、文化各个领域，在着眼当前的同时还要着眼未来，引导产业布局合理调整。比如对于在大城市周边要不要建设特大型企业这个问题，应向20世纪五六十年代的做法学习，把大工业企业搬迁到人口分布密度较低的地区。现在的做法恰好相反，大型石化行业、千万吨级的炼油企业都建设在大型城市周边。这样做虽然有利于职工安置、降低企业建设费用、减少交通运输成本，但这主要是从经济效率的角度出发。在接下来的城镇化建设过程中，则应从经济、社会、文化、教育等角度合理统筹规划，通过产业支撑带动城镇逐渐发展壮大，就像过去的大庆，先生产后生活。因此规划先行依然十分重要，否则只能是房地产先行。

产业是城镇化的支撑，资源承载能力则是城镇化的基础。规划的意义在于它让我们能够对城镇的经济社会发展水平进行合理预期，通过计算区域的资源、环境承载力，提出指导性意见、政策，引导农民有步骤、按比例地进入城镇来工作、生活，而不是面对庞大的进城农民人流，兵来将挡、水来土掩，不断地扩摊城市大饼，等农民进来以后再设计就业、服务、学校、住宅，这种方式是被动的。

大中小城市和小城镇要协调发展，要特别重视小城镇、三线城市建设

城镇人口只有几万、几十万规模的小城镇、三四线城市，距离农民工输出地更近。从农村转移出来的农民，对农村的生活已经感到很不适应，但又缺乏经济积累，马上让他们在北上广等大城市、一线城市安家落户是不现实的。但只要能把家安在县城，他们就会安心，感觉自己是城市人了。现在县城一般都有高速公路相连接，交通十分便利，即使劳动主体远赴省城或者发达地区就业，把家安在县城的可能性很大。

结合农业现代化和农业产业化进程，对农村集镇、居民新村建设进行前瞻性设计

农村集镇、居民新村基本在农村中自发形成，有传统的经济地理条件基础。那些先富起来的农民，特别是农产品加工大户、养殖大户，通过农村宅基地与集镇土地置换的办法，搬迁到集镇、新村中生活，从而孵化出更大规模的小城镇。这种模式既达到农村土地和集镇土地的占补平衡，又能使农民就地城镇化，可以在一定范围内推广，我在湖北看到的情况就是这样。一家养鸡养鸭大户、一家蘑菇生产大户就通过宅基地置换，搬迁到集镇居住，并将养殖场建设在集镇周围进行规模化经营，逐渐形成了农业产业链条，带动了集镇经济发展。集镇的规划建设也随着产业的带动逐步完善，有一部分房屋已经开发到了山坡上，学校同时纳入建设规划。这种就地城镇化模式符合中国特点，不涉及大量的基础设施建设和其他问题，还可以作为现代农民的养老基地，祖父三代人居住在一起，共叙田园之乐，值得其他地方借鉴。

（原载于《政协经济评论》2013年第3期）

脱贫攻坚永远在路上

按照全国政协"实施精准扶贫中存在的问题和建议"监督性调研工作部署和要求，2017年4月10日至17日，我随杜鹰、高波委员一行，由杜鹰带队，赴湖南省城步县开展了调研。调研坚持计划与随机抽样相结合，走访了5个乡镇、6个贫困村、27户贫困户，填写回收实际问卷30份，召开8场县、乡、村座谈会，实地察看扶贫龙头企业、产业基地、农业合作社、农村电商平台、农村小学等，广泛听取贫困户、脱贫户、乡村干部、驻村帮扶工作队、企业和合作社负责人，以及县直有关部门等各方面意见，感到很有收获，也很有启发。

城步县地处湘西南边陲，是全国五个苗族自治县之一，是1986年国家最早认定的扶贫开发工作重点县，也是武陵山片区区域发展与扶贫攻坚重点县，定点帮扶单位是国家商务部。城步县是典型的"九山半水半分田"的山区县，全县面积2647平方公里，辖13个乡镇、191个行政村（居），户籍人口27.8万，常住人口26.7万，少数民族人口占63%。

2014年初，城步县建档立卡贫困人口58401人，贫困发生率26.4%。城步县贫困的原因主要有四条：一是地处偏远，交通不便。二是资源禀赋差，开发限制多。三是素质偏低，观念落后。平均受教育程度低，外出打工也是干粗活、挣小钱。四是自然灾害频发，公共服务不足。

自2013年习近平总书记提出"精准扶贫"方略、中央作出新时期扶贫攻坚决定以来，经过三年扶贫攻坚努力，城步县2014年脱贫10249人，2015年脱贫11357人，2016年脱贫9356人，三年累计脱贫30962人。经去年动态管理调整后，全县建档立卡贫困人口15619户57409人，目前还有未脱贫人口26447人，贫困发生率从2014年的26.4%下降到11.5%。城步县的减贫速度要快于湖南省平均水平。尤为可贵的是，城步县在扶贫实践中大胆探索，在产业扶贫、电商扶贫、能人带动等方面创造出不少好经验。我们在调研中深深地感受到，城步县的干部群众特别是贫困户发自内心地感谢党和政府，对打赢扶贫攻坚战充满了信心。

城步县在精准扶贫中也存在一些问题，例如，扶贫措施的针对性不强，点与面的扶贫工作缺乏统筹，扶贫资金效率不高，低保政策和脱贫政策衔接不够等等。我认为最主要的是在脱贫摘帽上存在急于求成倾向，脱贫时间安排和任务层层加码。比如，中央提出到2020年现行标准下农村贫困人口实现脱贫、贫困县全部摘帽，而湖南省的工作安排是到2019年实现这一目标，邵阳市则提出2018年全市8个重点县中包括城步县在内的7个县脱贫摘帽，城步县也把脱贫的时间表尽量往前提。我们在村子里看到，一方面产业扶贫项目刚刚起步，果树要三年后才挂果，另一方面多数贫困户门前挂的牌子却要求今年就脱贫，这是不合逻辑的。

针对上述问题，要分门别类，分解落实责任，切实加以解决，关键是要教育各级干部牢固树立长期扶贫攻坚的思想。扶贫工作中存在的这些问题，既有工作层面、操作层面上的，也有政策层面、认识层面上的。归纳起来看，根本问题还是对扶贫工作的长期性、艰巨性和连续性认识不足。要认识到贫困地区之所以贫困，是有复杂的历史、地理、文化等多方面的原因的，消除贫困现象也必定是一个历史过程。就城步县而言，今天扶贫攻坚取得的成果，也是多年坚持不懈艰苦奋斗的结果。包产到户解决了吃饱肚子的问题，20世纪90年代以后初步解决了外出交通通道问题，21世纪以来，在党的强农惠农富农政策支持下，农村的生产生活条件发生了深刻变化，这些都为我们打赢扶贫攻坚战奠定了基础。进一步看，就是到2020年我们解决了现行标准下的绝对贫困问题，相对贫困也还是存在的，贫困户的稳定脱贫和贫困地区跟上全国的发展步伐，仍然需要我们付出长期艰苦的努力。

因此，打赢脱贫攻坚战始终要保持清醒的头脑，既要充满信心、坚定决心，又要脚踏实地、埋头苦干，既要保持劲头不松懈、力度不减弱，又要防止思想急躁症、工作一阵风。在实际工作中，不要层层加码，不要赶进度，切忌形式主义，切忌花拳绣腿。要全面准确把握脱贫标准，要把自我发展能力提高了没有、发展条件改善了没有、集体经济带动能力提高了没有，作为脱贫的重要衡量标准，提高贫困人口的获得感和满意度，确保脱贫摘帽经得起历史检验。要更加强调脱贫的稳定性，真正在“拔穷根”上狠下功夫，把治标与治本结合起来，把解决当前问题与解决长远问题结合起来。在工作部署上，要继续开展“回头看”工作，切实加强动态管理；贫困户、贫困村就是脱贫摘帽了，也要给3至5年的巩固期，政策支持力度不减弱，驻村工作队不应撤离。只有这样，才能积小胜为大胜，确保扶贫攻坚的质量，也才能避免思想方法和工作方法上的片面性。

（有关这次调研，杜鹰同志主持撰写了综合报告上报。本文是作者在调研组会议上的发言）

2017年

特色小镇的兴起是经济社会发展的新引擎

浙江是我国经济发展较快也最具活力的省份，全国政协经济委员会每年都有调研组来这里调研。近两年，我在随团来浙江参与有关激发民间资本活力和支持大众创业、万众创新的两次调研专题时，都怀着浓厚的兴趣，参观过几个特色小镇。

近几年兴起的特色小镇充满生机和活力，而且方兴未艾，应该进行深入调研，便在地方政协的帮助下，我单独对杭州市特色小镇的情况作了专题调研和剖析。

2015年，杭州市共创建省、市两级特色小镇41个。其中第一批省级特色小镇9个，第二批省级特色小镇10个，还有15个被列为省级特色小镇培育对象，数量占全省的1/4；有32个小镇被列为第一批市级特色小镇。两年来，呈现科学、有序、快速发展的好势头。

一是有效投资不断扩大

41个特色小镇全年共完成固定资产投资（不含商品住宅和商业综合体项目）438亿元，其中临安云制造、桐庐智慧安防完成投资20亿元以上。余杭梦想小镇一期互联网村、天使村、创业集市三个先导区17万平方米、5个月建成，西湖云栖小镇的国际会议中心85天建成。投资结构不断优化，产业投资占比较高，中国艺尚中心、华通云数据青山湖云计算基地等一批重点产业项目进展顺利。

二是特色产业合理布局

产业定位特色鲜明，省、市41个创建小镇中信息经济类13个、高端装备制造类7个、旅游休闲类5个、文化创意类4个、金融类4个、健康类3

个、时尚类3个、环保类1个、历史经典产业1个。项目引进成效明显，上城基金小镇2015年新增各类金融投资机构248家，富阳硅谷小镇引进天安富春硅谷、中国智慧体育产业基地等一批重量级新兴产业项目，总投资超过130亿元，投产后预计产值近千亿元。

三是创业创新氛围浓厚

余杭梦想小镇依托未来科技城区位优势和淘宝城、浙大、杭师大等资源基础，建立“互联网创业小镇+天使小镇”的双镇融合发展模式，目前已入住创业项目480多个，创业人才4400多人。西湖云栖小镇加快构建“创新牧场—产业黑土—科技蓝天”的创新生态园。截至目前，创新牧场中的重点项目“淘富成真”平台已进行38场路演，292家全国智能硬件创新企业参加，51家已入驻。

四是生产生活生态融合发展

上城吴山宋韵小镇以“古都文化+特色商业”为主体特色，挖掘南宋文化，整合历史遗存，打造特色文化旅游线路，全年接待游客2800万人，实现旅游收入88.4亿元。余杭梦栖小镇传承良渚文化设计基因，打造“一街一山一河”的设计产业布局，推进设计服务业和实体经济融合发展。拱墅运河财富小镇依靠独特的运河文化优势，建设金融文创发布中心，集聚大批金融企业，实现金融、旅游、文创产业多轮驱动，全年接待游客100万人。

五是社会影响迅速提升

中央领导和有关部委对杭州市特色小镇规划建设给予高度关注和充分肯定。各地纷纷来杭考察创建特色小镇的成功经验和做法。有的特色小镇举办了一系列有影响的主题活动，例如云栖小镇举办云栖大会，参观者42584人次，参与企业3000多家。中央电视台发现“双创之星”大型主体活动在梦想小镇和云栖小镇成功举办。

现在，特色小镇的建设已成为杭州市适应和引领新常态、推进产业转型升级的创新举措。他们在省里的支持下，坚持“政府引导、企业主建、市场运作”的创建模式。对不同特色的小镇明确其产业定位、文化内涵、旅游功能、社区特征，打造同业企业协同创新、合作共赢的企业社区和空间边界明确的创新创业平台。与以往的发展平台相比，特色小镇以独特的理念、创新的做法、乘数的效应，正在成为新常态下杭州经济发展新引擎。

杭州市打造特色小镇的主要经验和做法有以下四点：

（一）围绕特色打造，做好规划布局

特色小镇建设，规划是龙头。杭州市按照统一规划、合理布局、差异化、特色化发展的要求，强化规划引导，统筹好空间布局。围绕全市发展空间布局和产业指引，他们以“十三五”规划纲要编制为契机，制定全市特色小镇创建导则，加强对全市小镇布局、产业指引和项目安排的制度设计，做到特色小镇布局合理、功能优化。

杭州市注重充分挖掘小镇的地貌特色、建筑特色、产业特色和文化特色，合理确定小镇发展规模，做好统筹谋划、形成特色。全力推进特色小镇核心区建设，加强对特色小镇产业定位引导，鼓励特色小镇产业细分，促进主导产业更鲜明、更集聚。按照生产、生活、生态“三美融合”理念和宜业宜居宜游“三宜结合”要求，坚持产城、产旅、产文融合，加强文化内涵挖掘传承和生态环境保护，完善小镇概念性规划体系，注重小镇功能叠加，做到多规融合。

（二）围绕要素集聚，打造产业生态

杭州市按照细分产业的特点构建产业生态系统，聚焦特色产业，决不聚焦房地产开发，不允许以特色小镇为名搞房地产开发。根据杭州产业优势和基础，聚焦信息经济、高端装备制造、金融、旅游、文创、健康、时尚、节能环保等产业，注重挖掘提升茶叶、丝绸等历史经典产业以及地域特色产业。围绕全要素、低成本、便利化的要求构建特色的创业创新体系，完善创业创新公共服务，要求制造类、研发类特色小镇都要设立孵化器、众创空间，努力把特色小镇打造成为创业创新先导区。同时，以企业投资为主体，以市场化配置为主要方式，招引聚集人才、项目和创新资源，尤其是围绕产业链、创新链打造，集聚和融合产业资本、金融资本、人力资本等高端要素，实现小镇可持续发展。

（三）围绕发展目标，建立推进机制

按照三年培育创建100个特色小镇的发展目标，杭州市推进服务机制。在市产业发展协调委员会下建立市特色小镇规划协调小组，由常务副市长担任组长，市发改委等16个市直部门以及各区、县（市）政府、大江东产业集聚区管委会、杭州经济技术开发区管委会为成员单位，办公室设在市发改委。建立特色小镇分类指导、动态监测、年度考核等工作推进机制，统筹推进全市特色小镇规划建设工作。围绕三年内培育创建省、市、区（县、市）三级共100个特色小镇的发展目标，制订三年行动计划，细化任务分工，明确重点项目，确保各项任务落到实处。建立特色小镇协调机制和考评机制，加强与省级部门沟通衔接，组织市级相关部门和专家加大对特色小镇创建工作的指导，落实各项扶持政策，协调推进特色小镇重点项目建设。

（四）围绕环境优化，推进改革创新

在特色小镇建设中，杭州市坚持按照政府引导、企业主题、市场运作的理念，创新体制机制。他们制定出台《杭州市人民政府关于加快特色小镇规划建设的实施意见》，改变对企业进行扶持的传统方式，以期权式税收返还给当地政府，由当地政府根据小镇规划建设的实际研究制定个性化扶持政策，同时探索建立差异化的小镇评价考核体系。他们特别重视引入社会资本参与建设，加快市场化步伐，创建了资金小镇、艺创小镇、创领小镇等一批以企业、高校为投资主体的特色小镇，形成多元化创建格局。还特别注重将政府职能改革与特色小镇规划建设紧密结合，积极推广和应用权力清单制度等改革成果，加快推进“五证合一”等改革工作，明确把更多审批事项转化为服务事项，为小镇建设开辟“快车道”，建立健全“店小二”式服务体系，加大对小镇公共服务体系的建设力度。

2017年

关于打造动力制造聚集区的考察报告

2016年11月，全国政协经济委员会“打造动力制造聚集区”考察组在周伯华组长的带领下赴湖南进行了深入考察，我将有关情况进行了综合整理。

当前，我国已经进入建设制造强国的关键期。动力产业的重大突破与创新是《中国制造2025》的核心内容与重大目标之一。全面落实“四个全面”战略布局和“五大发展理念”，紧紧围绕供给侧结构性改革和《中国制造2025》，立足产业基础和优势，打造动力制造聚集区意义十分重大。

一、湖南建设国家动力制造聚集区具备的基础与优势

目前，湖南动力产业及其相关配套行业形成了比较完整的产业体系，主要布局在长沙、湘潭、株洲三个市的动力产业已经成为湖南最具发展优势的行业。轨道交通、航空航天、新能源汽车等一批具有优势和特色的行业成为湖南工业的主导行业，并在国家制造业体系中占据重要位置。

（一）产业基础坚实，培育了一批在全国乃至全球有影响、有竞争力的产业、技术、产品和企业。湖南长株潭地区目前已成为我国最大的轨道交通装备制造基地、工程机械制造基地、复合材料游艇制造基地，我国重要的航空装备制造、新能源汽车制造基地，矿机、农机、环卫机械、海工和物流装备生产基地以及重要特种车辆制造基地。

从轨道交通装备制造业来看，以中车株洲所为龙头，株洲轨道交通产业已经形成了集产品研发、生产制造、售后服务、物流配送于一体的完整成熟的产业链条及整机制造、核心部件、关键零部件协调发展的产业集群，产品出口70多个国家和地区，国际市场占有率达27%，市场份额全球

第一。从航空装备制造业来看，株洲在中小航空发动机、微型燃气轮机、航空机械传动等领域处于国内领先地位，是我国中小航空发动机自主创新能力最强、产业体系最完整的地区和我国唯一的中小型航空发动机研制与特色产业基地。从新能源汽车制造业来看，湖南新能源汽车产业形成了整车生产、动力电池和电池材料、电机电控、充电桩系列的产业链，初步实现了客车、乘用车及专用车三类新能源汽车同步发展和全国规模最大、产品最齐全的电池材料产业集聚，新能源汽车产业总体水平处于国内先进水平。从相关配套行业看，湖南风电、太阳能装备、中小水电装备的市场规模和技术水平处于全国领先地位，核电装备和地热能装备粗具规模，生物质能装备和水汽能装备特色鲜明。特别是8英寸IGBT在株洲取得产业化突破，这是国内首条、世界第二条8英寸IGBT专业芯片生产线，彻底打破了国外公司在高端IGBT芯片技术上的垄断，为我国高速动力产业、智能电网建设、航空航天与新能源制备等添上了“腾飞的翅膀”。

（二）引领作用初现，主导和参与了部分国际、国家标准的制定及国家级检测。湖南在国际动力标准制定和国家级检测方面居于全国前列，发挥了行业引领作用。中车株洲所作为国际电工委轨道交通牵引电气设备与系统标准化技术委员会国内对口单位，主导制定国际标准9项，参与制定国际标准68项；全国牵引电气设备与系统标准化技术委员会主持制定国家标准72项，参与制定国家标准30项；中联重科作为国际起重机标准化技术委员会秘书处承担单位，参与修订国际标准5项；威胜集团等企业参与修订国际标准11项；三一重工、湘潭电机、南方航空等企业参与制修订国家、军队、行业标准290项，基本掌握了行业话语权。

湖南拥有“国家风电设备质量监督检验中心”等国家级检测中心20个，“高速列车行驶动态参数计量关键技术研究实验室”等国家实验室4个，“湖南省新能源汽车动力及配套设施质量监督检验中心”等省级检测中心60个。目前，国内唯一的检验检测装备制造特色产业园已经落户长沙市岳麓区。与国家质检总局开展合作共建的国家技术标准创新基地和中国计量院长沙基地正在建设之中，将为湖南动力制造聚集区建设提供有力的技术支撑。

（三）创新环境优化，形成了以企业为主体、产学研用紧密结合的协同创新体系。湖南省委、省政府高度重视动力产业的创新发展，将长株潭国家自主创新示范区作为湖南省未来发展的三大战略支撑之一，出台了一系列支持创新发展政策文件，并连续5年安排专项资金实施以企业为主体的技术创新“311”工程，全力支持动力产业集聚发展。成立了湖南省轨道交通装备、通用航空发动机、电动汽车三大产业技术创新战略联盟，在联盟内建立了稳定的产学研用合作机制，形成了“以项目为纽带，利益共享，风险共担”的产学研用合作模式，与国防科技大学、中南大学、湖南大学、同济大学、西南交通大学等高校建立了紧密的产学研用协同创新机制。至2015年底，湖南装备制造业建起国家级企业技术中心21个，省级企业技术中心107个，5个国家级新型工业化产业示范基地、8个国家级创新示范企业和一批国家工程技术中心与国家重点实验室，同时还建起产学研技术创新联盟74个，成员单位超过800家；中国科技成果转化交易会连续7年在长沙成功举办，成为继北京科博会、深圳高交会之后的国内第三大科技类会展品牌。

（四）人才支撑稳固，聚集了一批动力产业领域内高端人才和产业工人。长株潭地区科研力量雄厚，产业工人后备队伍庞大，动力产业支撑后劲强劲。湖南有985高校3所，仅次于北京、上海，居全国第3位，现有两院院士61名，国家千人计划专家84人，国家自然科学基金创新研究群体8个。我国动力行业的院士基本集聚在长株潭地区，代表有刘友梅、尹泽勇、丁荣军、田红旗、钟志华等。湖南职业技术教育发达，目前已形成“北天津”“南株洲”的格局，为湖南动力产业创新与集聚发展提供了优秀的“工匠”和职业培训。

二、湖南建设国家动力制造聚集区面临的突出困难和问题

（一）政策支持力度不大，规划不全、不深、不透。首先，尽管湖南省政府颁布了一些支持动力产业发展的政策，但总体看，缺乏国家层面对长株潭城市群动力集成产业发展的整体规划。其次，规划不深。比如，由于很多相关政策、标准等地方难以统筹协调，株洲所做的“中国动力谷”

规划和轨道交通、航空产业和新能源汽车产业发展专项规划都停留在表面，没有深入到具体产品及其所对应的技术、装备、工艺、材料、商业模式层面，使规划难以落地。最后，规划不透。在如何创新突破核心关键材料、关键零部件、核心元器件等方面，还没有具体详细的规划。

（二）体制机制不够灵活，市场化程度有待提高。在长株潭地区从事动力产业的企业98%是国有企业，其中，还有不少是央企和军工企业，民营企业进入度很低，且主要分布在零部件生产、材料供应等配套环节。由于国企特别是央企、军企决策程序复杂、决策时间长，加上受国家宏观调控与政策制约，体制机制不活，民营企业、民间资本、民用技术难以有效进入动力集成产业市场。

（三）基础配套相对薄弱，聚集效应尚不明显。湖南动力产业核心基础器件技术和产品全方位配套相对薄弱，还未完全形成一批“高、精、特、专”产品配套企业群体。在株洲，动力产业明显出现了“中间大，两头小”的特征，即核心企业优势明显，而上下游配套企业优势明显不足。如株洲电力机车有限公司技术水平世界领先，但产业的本地配套率仅为50%左右。此外，不少企业只是地域上简单集聚，一些产业要素资源还处于条块分割、分散发展的状态，全产业链服务能力较差，核心企业与配套企业的协同发展仍存在难度，产业集聚效应体现不明显。

（四）原始创新能力不足，核心技术对外依存度高。湖南动力产业专长于产品开发应用，基础性研发重视不够，研发投入相对较少，国家工程实验室建设还在起步阶段，实验验证手段跟不上，科技储备不足，原始创新能力薄弱。关键核心技术对外依存度高，基础零部件、基础制造工艺、基础材料发展水平以及配套产品的性能、质量和可靠性与国外公司相比仍有一定差距。产品档次不高，缺乏世界知名品牌，影响了湖南动力产业的国际竞争力。

三、推动湖南建设国家动力制造聚集区的对策措施

湖南动力产业在全国具有较明显的比较优势，无论是从现有基础还是发展潜力看，湖南建设国家动力制造聚集区是可行的，建议支持湖南打造

动力制造聚集区，在国家政策和顶层设计层面给予更多关注和扶持。

（一）加强规划和政策引导，做好顶层设计。建设动力制造聚集区作为建设制造强国的重要措施，要做好整体规划。要明确总体目标和发展思路。牢固树立并切实贯彻创新、协调、绿色、开放、共享的发展理念，加大供给侧结构性改革力度，紧紧围绕《中国制造2025》任务，明确产业发展目标、重点、路线图，按照“制造智能化、产品服务化、产业链群化、市场全球化、运营平台化、形象聚合化”的基本思路，追求动力制造业的高起点、高水平，抢占世界动力制造的制高点。坚持优势产业优先发展，突出重点，避免大而全。着力巩固和提升领先优势，充分发挥比较优势，推动重点领域突破发展，大力培育壮大轨道交通、航空、汽车为主的动力产业，大力培育电子信息、新能源、新材料等动力新兴产业，大力发展为动力产业提供支撑的生产性服务业。要着眼长远，坚决克服急功近利的“近视眼”。打造动力制造聚集区要从国家战略的高度出发，不搞简单的动力装备的集中和整合，更不能将此作为招商引资、拉动地方经济的招牌。

（二）完善体制机制，激发企业活力。建设国家动力制造聚集区，既要依托现有的基础和优势，又要通过完善体制机制，不断注入新的发展活力。着力改革现有管理体制，重点理清省、市、区三级管理体制，从简政放权、提高审批效率、提升服务水平等方面开展体制机制创新与改革突破。选择部分国有企业探索混合所有制改革，引导国有企业加大与民营企业合作力度。继续完善投融资和减免税政策。创新投融资方式，从积极加大政府投入、拓宽投资渠道、增加有效信贷投入、鼓励民营资本进入等方面入手，着力破解湖南动力产业领域企业尤其是民营企业的融资瓶颈。贯彻落实并不断完善鼓励企业增加研发投入的税收优惠政策，进一步降低湖南动力产业领域企业的税收负担。充分发挥军工企业优势和民营企业活力，给予民营企业更多参与军工项目的机会，调动民营企业积极性，创建“军民融合创新示范区”，开展军民融合试点工作。

（三）培育产业集群，充分发挥聚集效应。坚持以园区为载体，以集群为方向，以产业链为纽带，推动动力产业聚集发展，释放聚集产生的新能量。发挥园区载体作用，重点推进轨道交通城、汽车城、通用航空城等创新创业园区建设，加快园区提质升级，引导企业向园区集中、产业向园区集聚。通过加强产业协作配套补强产业链，围绕龙头企业延伸裂变配套企业，带动中小企业发展，不断做强产业集群。通过联合、重组、兼并、合资、合作、引进等方式补强产业链，整合全国乃至全球动力制造力量，塑造“动力制造聚集区”的品牌形象。促进制造业与信息化融合，大力推动智能制造，发展个性化、柔性化生产方式。加快制造业与服务业融合，大力发展现代物流、金融服务、电子商务等生产性服务业。

（四）坚持创新驱动和人才引领，增强内生发展动力。

一是发挥协同创新效应。支持企业采取产学研用紧密结合的创新方式，联合开展关键共性技术攻关；完善产学研用合作机制，推动院士工作站、人才培养基地等建设；推进国际交流与合作，鼓励企业建立海外研究机构。二是建立促进科技创新和创业的人才汇集机制。制定培养、吸引和留住动力制造产业人才的相关政策，鼓励采取持股、技术入股、市场化薪酬管理等灵活措施，吸引国内外高水平的企业经营者、技术专家和优秀高级技工；鼓励湖南高校与企业联合培养科技、管理人才和高级技工。三是突破重大关键技术。重视基础理论、前沿技术和应用基础研究，增加研发投入，建立多支具有国际领先研发能力和技术水平的创新团队，瞄准世界先进水平，争取实现关键技术的突破。

2016年

完善粮食价格形成机制和改革收储制度势在必行

——随全国政协经济委员会在湖南的调研与思考

2004年，国务院印发《关于进一步深化粮食流通体制改革的意见》，决定全面放开粮食收购市场，在国家宏观调控下，充分发挥市场机制在配置粮食资源中的基础性作用，实现粮食购销市场化和市场主体多元化。同年，国务院颁布《粮食流通管理条例》，对粮食购销市场放开后加强宏观调控作出了相关规定，采取储备粮吞吐、委托收购、粮食进出口等多种经济手段和价格干预等必要的行政手段，加强对粮食市场的调控，保持全国粮食供求总量基本平衡和价格基本稳定。当粮食供求关系发生重大变化时，为保障市场供应、保护种粮农民利益，必要时可由国务院决定对短缺的重点粮食品种在粮食主产区实行最低收购价格。

自2004年起，国家相继对稻谷、小麦实行最低收购价政策，对玉米、大豆、油菜籽实行临时收储政策。在具体操作层面，国家有关部门确定收购价格水平和政策实行区域，制定执行预案和相关政策措施，对收储工作进行安排部署、协调并督促落实；中储粮总公司接受国家委托作为政策执行主体，具体负责粮食收储业务；地方政府及有关部门配合并承担行政监管等职责。

十多年来，粮食价格政策和储备粮制度效果如何，存在哪些问题，下一步如何完善等，带着这些问题，我随同全国政协经济委员会专题调研组到湖南，听取了省里的介绍，并深入常德、岳阳等粮食主产区，听取了各方面尤其是许多种粮大户的意见。大家普遍认为，现行稻谷形成价格机制在增加农民收入、稳定粮食产量、保障国家粮食安全等方面发挥了重要作用，种粮收入成为农民经营性收入重要来源。但随着我国市场经济体制改革向纵深推进，现行的稻谷定价制度日益不能适应农业市场化发展的需要，迫切需要进行改革，粮食储备制度也要相应进行完善。

现在，粮食供求关系已发生重大变化，现行粮食收储制度特别是最低收购价政策的效能日益退化，越来越难以适应农业发展的新要求。

一是市场扭曲越来越严重。粮食价格托市政策形成的“影子价格”及其产生的托底效应，使粮价越来越背离市场，形成事实上的国家垄断价格，市场调节空间越来越小，市场配置资源的决定性作用不断弱化，甚至产生挤出效应。

二是库存高企情况越来越严重。由于国家连年提高最低保护价，使得保护价成了市场最高价，托市作用基本消失，农民种植的稻谷不是流向市场而是走向国库，收储企业实现不了顺价销售，形成高仓满储，国家财政包袱沉重，2016年湖南省粮食库存达到历史最高。

三是粮食加工业受到的冲击越来越严重。受政策托市影响，粮食收购价格持续走强，原粮与产成品价格倒挂，企业生产经营困难，效益持续下降，一大批粮食加工企业因此停产、倒闭。据测算，在目前的经营水平下，企业盈亏平衡对原粮价格承受能力是125元/百斤，企业每加工100斤稻谷亏损12元。

四是结构性供需矛盾越来越严重。托市价格只有粳、籼稻区别，早晚稻品质差异明显，但按质论价的市场规则得不到体现，农民自然会选择产量高、品质差的品种，契合不了市场对优质稻米的需求。农民更不愿意调整预测不到效益的品种结构。

今年中央1号文件提出，深化粮食等重要农产品价格形成机制和收储制度改革。近年来，国家先后取消了油菜籽临时收储政策，对东北及内蒙古玉米按照市场定价、价补分离的原则，开展收储制度改革试点，这些改革取得了积极成果，倒逼稻谷收储制度要启动改革。改革的基本取向是逐步形成价格的市场机制，但不能急于求成，要稳妥审慎推进。具体建议如下：

一、为现行最低保护价设置过渡期

过渡期时间三年为宜，逐年降低保护价，总体降价幅度以三年期满国储企业和加工企业实现顺价销售为基准。经过三年过渡，压库问题可迎刃而解，加工企业至少不会做亏本生意，托市价与市场价相当。粮食市场即可激活，沉重的财政包袱可以解套。同时，引导粮食不经收储环节直接进入市场，减轻国家收储压力，甚至不需启动托市收购。

二、保护农民利益，调动农民种粮积极性

我们对粮食供求关系的判断不能太乐观，对超高库存不能看得太重，事实上粮食的刚需是不断增加的，收储企业形成的高位存储，是历年叠加形成的，如果判断失误，施策不当，有可能造成粮食生产大滑坡，危及国家口粮安全。价格形成机制改革的另一取向是保护农民种粮积极性。如何保护？要让种粮有微利，不至亏本。国家减少了仓储补贴和存化粮处理补贴，可将这笔钱补贴到种粮农民身上，农民种粮收入可大致维持既有水平。价格理顺了，农民积极性又不受影响，一举两得。

三、实行价补分离改革

一是明确补贴对象。今后种粮大户（含家庭农场、合作社）应是粮食生产的主体，稳住了这一群体，就稳住了粮食生产。散户种粮对价格机制不敏感，因为散户粮食除自己消费外，商品粮所剩无几，价格高点低点对收入和生活的影响不大。大户则不同，他们追求的是规模效益，价格微小的涨落，都对收入有很大的影响，要保住他们的既得利益基本不受损，否则，粮食生产的大盘就稳不住。补贴对象应是种植水稻的新型经营主体，真正实现谁种粮谁得补贴，不搞普惠制。

二是实行据实补贴。从我国近年来在棉花、大豆、玉米等农产品收储制度改革实践来看，农户补贴方式大致有以下几种：按种植面积发放补贴，按产量发放补贴，按交售量发放补贴，混合方式发放补贴，实行按种植面积与产量挂钩、种植面积与交售量挂钩、种植面积与单产挂钩等方

式。从水稻而言，按照实际播种面积发放补贴的方式较好。因为粮食种植面积统计相对准确，可以结合卫星遥感等科技手段获得总的种植面积，并与逐户统计后相加的面积进行核对，还可以在生长期内多次进行复核。同时，由于种植面积获得的时间较早，播种后基本上就可以取得相应的数据，因此补贴也可以较早发放，而且让没有售粮的小散户也能得到补贴，可以更大范围地激发广大农户的种粮积极性，利于稳定和扩大种植面积，确保产能。需要引起注意的是，由于只对粮食种植面积进行补贴，没有考虑粮食产量，不利于鼓励农户增加投入，推广现代农业科技，提高单产。

三是科学确定补贴标准和发放时间。补贴标准可以采取目标价格法来确定。按照全省水稻平均生产成本加水稻生产平均利润的方法确定一个目标价格，当市场收购价格低于目标价格时，将目标价格和市场收购价格之间的差价直接补贴给农民。种植优质稻的农户，每亩补贴标准可上调50元左右，实行优质优价，引导农民生产市场适销对路产品，增加高端有效供给。市场收购价格越高，每亩补贴金额就越少，当收购价达到或超过目标价格时，则不需要进行补贴。

近年来，国家对储备规模进行了大幅调整，无论产区、销区都有较大幅度的增加，从产区的角度看，确实高了点。国家有关部门可利用大数据等方式摸清情况，分析影响消费因素，以国际上通行的17%粮食库存消费比为基准，结合我国人口众多、区域辽阔、自然条件差异大等情况适当调整。建议稳定中央储备规模，调减地方储备数量，增加动态储备份额。

此外，还要按市场价格灵活制定竞价销售底价，有效加快“去库存”进度。一方面政策性粮食滞销，根源在销售底价定得过高。现有的粮食最低收购价是由国家根据“顺价销售”的原则确定竞价拍卖底价。粮食价格形成机制的改革与现行粮食储备制度的完善密切相关。据我们在洞庭湖粮产区的几个储备仓库调查，储备规模的确定很关键。由于拍卖底价远高于市场价格，企业没有竞买积极性，转用进口大米降低成本，导致库存销售不畅。另一方面依市场定价，加快销售出库可节省费用开支。据测算，按目前的保管费和贷款利率，储存一年的稻谷将产生250元/吨的利息费用支出，还不包括品质降低造成的降价损失。

要发挥金融支持作用，鼓励多元主体入市搞活流通。粮食作为大宗农产品，占用资金量大，单位利润微薄，细微的政策作用都可能引发大的市场反应。要通过金融支持手段，引导各类主体入市，形成政府与市场互动、农民与企业互赢、国有与民营互进的局面。

为了保护国内粮食生产，应严格进口大米管理。建议国家从严管控配额数量，并指导企业把握好进口节奏，防止集中到货打压国内市场。对走私流入国内大米，要加大打击力度，维护粮食价格市场形成机制的改革成果，维护粮食生产和流通秩序。

（全国政协经济委员会关于《完善粮食价格形成机制和改革收储制度》调研组由陈锡文为组长、尚福林为副组长，参加调研的除本人外，还有张左己常委和刘平均、刘佩智、范小建、柯柄生、戴公兴、伍跃时等委员，及朱京生局长）

2017年

落实烟草相关企业的主体责任，有效推进实现《健康纲要》控烟目标

我最近学习了《“健康中国2030”规划纲要》（以下简称《纲要》），感觉振奋人心。按照《纲要》的要求，再经过三个五年计划的努力，我们国家不仅将建成一个富强的中国，更是一个健康的中国。

“健康中国”要靠每一个人从自己做起，从自身努力开始。但是作为一种经济活动，企业是建设“健康中国”的主体，在政府的引导下，企业应该发挥主体的作用和功能。

吸烟危害健康，这是全国乃至全世界人民的共识。所以，也要把控烟纳入“健康中国”建设的管理范畴，要作为这种经济活动的一个重要方面去规范，从取代现在的吸烟潮，直到最后杜绝这种吸烟活动。所谓取代，就是吸烟不通过燃烧放出烟雾，而是通过消费电子香烟等替代品取代真实的吸烟行为，这是过渡时期的小的进步。未来，控烟的路线应是“替代→禁止→消灭”，这个过程是循序渐进的。我对最终消灭吸烟行为有信心。

那么，作为经济活动的主体，尤其是与烟草相关的企业，首先要明确它的经济活动的目的，这个目的不明确或者目的性差，那么这个经济活动的社会效益和经济效益就谈不上。马克思主义经济学认为，经济活动的目的是为了满足人们不断增长的物质文化需求，现在仍然是正确的。但是还要加一个前提，就是在科技水平日益发达，在人们解决了温饱需求以后，我们应该在安全、在保障人们的健康和幸福的前提下来满足各种物质和文化需要和对美好生活的向往，而吸烟的活动对健康是有害的。所以在全社

会发展的宏观层面上，烟草企业的经济活动的目的性就应该是短暂的，不能世世代代生产烟草来危害健康。虽然烟草也满足了一部分人日益增长的物质需求，但这种需求是以损害他人健康为前提的——通过二手烟，即使在野外吸烟，也要排到大气中去，对环境造成污染。吸烟是不可取的，所以我们国家应对烟草企业经济活动的目的有一个阶段性的要求，促使企业按照《纲要》的要求，缩小生产规模，提高替代品比例，乃至最后消除烟草生产。

另外，从烟草相关企业的责任来看，它虽有创造良好经济效益的责任——要为国家创造更多的财富，但更大的则是社会责任。我们谈控烟，追溯到控烟的源头，就必须认识到烟草相关企业应为人民大众承担起来的社会责任，具有公益性、大众性的一面。经济活动必须符合“健康中国”建设发展的需要，使人们过得安全、健康、幸福、和谐。这样的话，烟草相关企业也必须承担相应的社会责任，这不是赚了钱之后拿到贫困地区去扶贫助学或者是赞助一些公益设施就能做到的。当然，鼓励烟草企业参与公益事业也是需要的，但这种方式的层次比较低，更主要的是提高社会责任感，敢于担当，即要为广大人民群众提供健康、安全、幸福的生活。

因此，企业参与“健康中国”建设，应努力转换经营方式，利用科技手段做到绿色发展、健康发展和长远发展，对烟草相关企业更应该在这方面下功夫进行规范。不仅像一般的工矿企业那样要求做到节能减排，更应该考虑到企业生产的产品适不适合绿色发展和健康发展的要求。至于如何利用科技手段达到这个要求，刚才说的用电子香烟替代只是一个方面，还有其他方式，如进一步降低香烟的有害含量，直到为零；在生产过程中减少污染排放等。

从烟草行业的产业链来看，在老百姓的种植环节就要开始谋划要求做到绿色、健康、有序和可持续地发展。烟叶的生产环节非常重要，就连种植烟叶的肥料也是特制的，比一般农作物的肥料要求更高，所以从种植源头上也要下功夫节能减排，找一些绿色品种进行替代，从而保证烟草行业全产业链坚持绿色循环理念。

在烟草销售环节，应该严格控制对未成年人销售。应借鉴发达国家的经验，在日本、欧美等国家，烟草销售是要看身份证的，严格禁止对未成年人出售烟草，我国在这方面有很大差距。所以在销售环节还要更加严格地依法办事，既然要控烟就要从未成年人抓起，未成年人吸烟人口控制住了，成年后的吸烟队伍就会减少。必须依靠法治的力量，对烟草专卖企业实行严格的专卖制度——不仅是机构专卖，对象也应该专卖，禁止对未成年人销售烟草。

综上，建议在烟草种植、生产加工、流通销售的全产业链上实行严格控制。摒弃唯GDP论，让企业的经济活动符合“健康中国”的发展目标。对于烟草企业的效果评价也要有别于一般的工业企业，要重视长远发展、重视生态效果，而且该更加严格，转变一些地方政府把烟草生产看成是财政支柱的指导思想，既不能过度依赖土地财政，也不能过度依赖烟草财政。目前，一些边远地区确实存在特殊情况，那么国家应该进行相应的指导，逐步摆脱这种依赖烟草税收的现状。所以在经济效果的评价上，对地方政府也好，对于企业也好，都应突出绿色的考核标准，突出生态效果评价。绿色发展、生态评价的主要体现是为老百姓的健康生活服务、为全中国的健康发展服务。因此，控烟应该在全社会放在非常突出的位置。

（这是作者于2017年11月参加《人民政协报》组织的“健康中国”有关活动时撰写的研究文稿）

2017年

去产能需要各部门协调配合

金融如何助力去产能？我认为，供给侧结构性改革是整个经济转型升级的一个新的着力点，或者是一项重大举措。五项任务中，去产能是重点和难点。因为一个行业、一个企业的生产能力是历经几十年形成的，非常复杂，系统庞大，涉及企业本身的利益、地方的利益和税收、财务安排、银行的债权等。所以要抓住去产能的关键，各个部门要按照中央的精神统一配合，协调发力。

对于金融机构来说，过剩产能的价值形态表现为资产，表现为对银行的负债。要处理这种债权，确实要提高认识，然后要有政策，部门之间要加强配合。

作为银行来说，怎样来配合？首先是核销呆坏账，其次是支持龙头企业兼并重组，最后是研究实施债转股。债转股是15年前搞活国有企业的重要手段之一。但是现在债转股情况很复杂，因为国有银行上市了，上市以后要采取资产评估的办法，按市场化的办法来评估。还要有严格的决策程序，比如经股东会通过。现在大多数国有银行国有资本占70%以上，所以这个问题应该可以解决。我重点建议准政策性的债转股，是因为国有企业的过剩产能是在国家宏观政策和国家安全、国家需要的情况下形成的产能。

此外，这次李克强总理作的政府工作报告以及提交给大会讨论的“十三五”规划纲要中，在谈及金融体制改革问题时，少有地把金融监管体制改革放在最为优先的位置，特别是在“十三五”规划纲要中讲得更多。这说明金融监管体制到了非改不可的时候。

体制改革首先要有问题导向。我认为金融监管体制有以下几个方面的问题要反思和改革。

第一，关于半年之前资本市场的异常波动，我赞成一种观点，即这次异常波动和分业监管有关系，因为它没有防范跨界的配资和各个方面的异动情况。第二，互联网金融发展到去年，问题暴露得比以前更多、更严峻，范围更大。细分析起来，其也与现在金融监管的不统一有关系。

对此，我认为，第一，要先按照国务院简政放权的精神，下放一些权力。该放给公司的放给公司，该放给地方的放给地方。第二，要进行大范围的调查研究，同时，修改《商业银行法》《证券法》和《保险法》。第三，总结过去的做法，分步实施到位。今后肯定要实施统一监管，提高效率，减少扯皮，适应中国金融体系发展的需要。总之，我认为还是要逐步到位，先放权，再整合。

（原载于《金融时报》2016年3月）

媒体报道

全能选手梅兴保

陈建萍

8月10日上午9点，进出金融街中国东方资产公司大楼的人们步履匆匆，又开始一天繁忙的商务生活。当记者走进梅兴保开阔的办公室时，意外发现散落在地有几幅墨迹未干的书法作品，梅兴保神情轻松地解释，“年轻的时候有一些书法基础，退下来才能摆弄这些东西，以前整天开会、出差、工作，没时间兼顾业余爱好。”

终于拥有闲暇时间的梅兴保其实工作日程依然紧凑，他说首先是服从政协工作的需要，作为全国政协经济委员会的委员，今年他被推荐参加全国政协人口资源环境委员会的专题调研，从经济的角度谈节能减排工作，此外还兼任中国银行的监事和北京农商行的独董，“没有压力的工作很有意思，学习比过去更多，不管是参政议政还是提供意见都需要专业知识储备，我会找专业人士咨询，或者打电话请教，甚至在食堂也会切磋，感觉很过瘾。”梅兴保坦白讲述自己的心情。

梅兴保大学所学专业是农业经济，曾在张家界市担任常务副市长，最终却成为金融专才，中央金融工委和银监会的工作经历让他对我国金融改革的艰难历程有着切身感受，在风起云涌的改革年代，梅兴保率领此前从未有过的资产管理公司闯出了一条新路，而五年全国政协委员的不同历练，又让他从更高视角和更宽视野思考中国金融的未来。

据悉，五年来，梅兴保每年都提交有分量的提案，2008年他提出《关于改善法治环境，保持司法公正，推动金融资产管理公司发展》的提案，中央政法委和最高人民法院都给予了答复。2009年国际金融危机的影响逐步蔓延，他建议加强各级地方政府与资产公司的合作，鼓励国有资产经营机构出资购买资产公司所持有的国企不良债权，受到国资委的高度重视和采纳。2010年，他开始关注社会信用评级问题，“国外的信用评级公司旁若无人指手画脚，不管是我们的企业发债还是买债都要经过它，很不合理”，梅兴保希望，中央应加快信用评级业发展、把争取国际评级话语权提高到国家战略的高度进行部署。2011年参加全国政协在浙江调研的过程中，梅兴保专门抽出时间了解温州市政府提出建立国家金融综合改革试验区的设想，这让他陷入长久沉思，解决小微企业融资难问题的出路不在于设立改革试验区，而在于改革地方政府金融机构管理的体制，引导做好面向实体经济的金融创新。2012年，他提交了关于财税体制改革顶层设计的提案，国家财政要以民为本而非建设财政，财政的钱应该多花在民生领域，建设投资要交给企业和社会。“前两天财政部预算司的同志给我来电话，商谈提案的办理工作。”谈起自己的建议受到重视，梅兴保很高兴：“我提交的关于四万亿投资谨防财务和金融风险以及关于政治体制和机构改革的建议，曾经作为全国政协信息专报送达中央领导。”

一直认真干好每一项工作的梅兴保表示：“担任政协委员这些年，我体会颇多，我认为政府工作在科学决策机制的建设上要充分发挥政协的作用，从制度设计上把政协最高议事机构的作用确定下来，要加强政协民主监督的职能。而政协委员对执政党和政府的工作还要多提批评意见。”

（原载于《人民政协报》2012年9月4日）

方法论爱好者

崔吕萍

摘要：梅兴保给人最大的感受就是快：说话快，湖南版普通话说得快而犀利；走路快，年轻人未必能追上；吃饭快，你刚拿起筷子，人家都吃好了；收拾行李快，转战各地调研，约定出发时间，他总是第一个到集合地点的。

6月12日下午，天气不算热，北京金融街甲15号，银监会会议室。

这里正在召开银监系统负责人听取两会代表委员意见的座谈会，在梅兴保发言之前，已经有几位代表委员围绕当前经济形势、供给侧结构性改革推进以及监管水平提升发了言。

轮到梅兴保。面对金融监管系统里认识良久、共事多年的老朋友，温和的“老梅”决定跟他们不客气一回。

“当前，全金融业要提高为实体经济服务的自觉性和有效性，提高服务实体经济的能力，而不是只搞自我循环、自我欣赏、自我得利。”当天，刚好也是梅兴保和本报记者约好采访的日子，因为要参加这个会，并且明确打算要就一些话题和金融监管部门的同志们“交锋”，因此采访推迟到了傍晚。

“告状”不是目的

“今天没客气。”这是他对这场座谈会上自己发言的第一评价。“要做的事情太多。”这是他对银监会的期待。

不客气的背后，数不清的调研，已经让梅兴保看到了我国经济与金融之间一道必须弥合的鸿沟，那就是脱实向虚。要真正弥合鸿沟，关键是要让金融回归主业。

什么才是主业？梅兴保记起多年前他参观某股份制商业银行国际部进行全球市场交易时的情景。

“我们被行长带着参观办公楼，那时其他部门已经下班了，只有国际部所在的一层灯火通明，据说那里24小时三班倒，时刻有人盯着国际上各种交易品种。行长骄傲地说，这一层员工赚的钱，相当于基层几万名员工赚的钱。”在梅兴保看来，国际部这样做的业务能帮银行赚很多钱，但对于发展本国实体经济而言毫无益处。“习总书记多次讲到金融要为实体服务，实体经济是立足之本，但如果金融机构还是惯于这样盈利，它的发展存在巨大短板，甚至是无本之木。”

金融业的短板，就是实体企业发展中的“天花板”。此前，在一场关于推动大众创业、万众创新的专题协商会上，只被安排书面发言的梅兴保瞅准机会抢到了话筒，又当着领导告了金融机构“一状”：“科技型企业初级阶段特别需要资金，而且所有行业人都清楚，科技型创新企业，十个企业能活下来一两个就非常不易了，即便在美国，情况也是如此。但或许没有哪个银行能允许贷款给十家企业，最终只换来一家企业的成功，银行恨不得所有贷款都没有风险才好。”

虽然梅兴保没有把金融系统的考核标准定为“罪魁”，但他强烈建议有些考核逻辑是时候改改了：“第一，修改考核标准，不能再盯着利润不放，而是强调服务程度和水平；第二，紧盯脱实向虚的风险点，主要是房地产市场、股市、理财产品这三类。”

“告状”不是目的，目的是解决问题。梅兴保给出的建议是发展投贷联动，在他看来，此举既能让企业获得银行贷款，也允许银行以适合的方式拥有企业股权，以备一旦发生风险，银行可以利用企业股权溢价来弥补贷款损失。

2008年1月25日，梅兴保清楚地记得这个日子。那时他还在东方资产管理公司总裁任上，全国政协十届常委会第二十次会议上，他成为了第十一届全国政协委员。

自此，梅委员的调研足迹遍布大江南北，关注领域也囊括多个行业。一开始，提到梅兴保，很多人会习惯性地将其称为金融专家，但汇总梅兴保10年来的提案题目，会发现，金融业仅仅是他众多关注领域中的一个，除此之外，农业、科技、水利、房地产、环境保护、文化建设、人民币国际化都是他的关注所在。

在梅兴保看来，履职考验着委员的学习能力。日常学习和调研占据了梅兴保大量时间，以至于在看新闻、吃晚饭的时候，也经常突然放下碗筷迅速把听到的相关内容找笔找纸记下来，由此还引来了老伴儿的“抗议”——吃饭都不消停。

也正因如此，在十年履职的进程中，媒体和业界人士在谈到梅兴保时，越来越倾向于用经济学家来称呼他。

作为共和国的同龄人，梅兴保出生在湖南临湘一个诚实农民的家庭，在求学的黄金年龄，他赶上了一场浩劫。1978年，考入中国人民大学农业经济管理系时，梅兴保已经29岁。在这之前，他在乡镇当过秘书。高考恢复那年，他每天借镇上别人的复习书来看。后来，那些有书的人都没考上，反而是每天借别人书复习的梅兴保金榜题名。

大学毕业后，梅兴保被分配到湖南省委办公厅工作，那时他已过而立之年。

进了省委，前辈告诉他，虽然能在这儿工作，但要见到省级领导并不容易。梅兴保至今清楚记得这个细节。

那是1983年，中国经济改革的暖风已经从沿海吹向内地，大街上穿中山装的人虽然还很多，但一部分敢于“尝鲜”的人，已经开始为买西服而攒钱了。

1983年下半年，梅兴保用自己一个半月工资，在北京王府井百货大楼买了一套西服。自此，他成了省委机关里第一个也是当时唯一一个穿西服上班的人。“当时省委有个姓沈的常委兼秘书长，有一天突然主动叫了我的名字，‘小梅，让我看看你的西服’。”

因一身西服，刚到省委工作就被省委常委点了名，“小梅”当时感受到，人们对改变旧风貌有着极高热情，而用开放的思想去观察思考，个人的思路突破应当走在国家前面。

“温和派”提出不同意见

“别人感冒，我们吃了大药。”2010年全国两会，在领导人下小组时，向来给人感觉温文尔雅的梅兴保，提出了一个在当时看来的“不同观点”——要警惕应对全球经济危机措施的副作用，高投资带来的风险，防控财政赤字和系统性金融风险。

梅兴保的建议来源于调研结论。2008年，华尔街金融精英们曾引以为豪的次贷逻辑瞬间崩塌，不仅将美国经济拖入泥淖，还让全球多国受到不同程度影响。

聚焦我国，各地在稳定外贸出口数据和增加投资、刺激消费方面做了大量工作，但这些工作是否赋予创造性、能否取得预期效果且没有副作用，当时很难得出结论，但一些苗头已经显现了：股市泡沫不小，房地产市场过热，企业杠杆率与政府平台负债率都存隐患；同时，银行信贷集中发放，其影响力会在三年后显现，实体企业拿了钱却无法恢复“造血功能”，甚至无法还清贷款，就会引发系统性金融风险；要警惕财政赤字问题，因为政府举债的边界问题对经济韧性而言至关重要。

“不同意见”得到了领导的高度关注。随即，一系列防控系统性风险的法规条例陆续出台。直至今日，这一话题仍是金融监管者与从业者执业过程中的重要部分。

而他提出的警惕实体经济患上投资刺激依赖症的内容，也正与当前推进供给侧结构性改革五大任务休戚相关。

作为中国资产管理行业的“老大哥”，梅兴保那时还常听到一种说法：“资产管理公司原来处置四大国有银行不良资产的使命已经完成。但全球金融危机，金融机构的不良资产肯定会增长，资产管理公司又有活干了。”

调侃背后，现实情况非常严峻。

在梅兴保的记忆中，那段时间，资产管理行业面临着艰难的生存环境，核心一点是资产管理公司资产处置所面临的法治环境不断恶化——债务人所主张的资产管理公司债权转让无效的诉求，在没有任何事实及法律支持的条件下，频频得到地方法院支持，其结果是造成已经售出的债权被退回来，它的影响是对已经完成的债权转让行为，以及既有的交易秩序造成极大冲击。

为此，梅兴保提出“关于改善法治环境，保持司法公正，推动金融资产管理公司发展”的提案，建议肃清地方法院的不当司法政策，改善司法环境；规范政府行为，保证司法审判的独立性。

这个提案，同样得到了中央政法委和最高人民法院的高度重视。

“杂家”与“纵横家”

2016年春，辽宁，东北老工业基地的典型代表。梅兴保跟随全国政协调研组一路走一路问，求解这一地区经济发展滞缓的原因，探索当地去产能的出路。

没去之前，梅兴保只知道那里经济增速放缓甚至出现了负增长，产能过剩情况也比较严重。在辽宁待了十几天，他发现东北当前的困局源于上一轮改革留下的长“尾巴”。比如说，之前的厂办大集体问题，就是束缚老工业基地转型的最大问题，人员社保问题不解决，有的企业员工甚至欠着社保的钱，想退休都退不了。再比如，一些国有企业把好的业务抠出来单独上市，不好的东西也没有完全剥离分流，包袱最终还是由母公司背起来。

出现这些问题的现实背景，就是经济发展理念和增长方式没有转化。特别是一些老牌的钢铁企业，还希望经济发展靠投资拉动。

时隔几个月，2016年9月，全国政协经济委员会组织委员到山西省调研。这次调研有个特殊背景——因产量过剩而低迷很久的钢铁、煤炭价格，突然出现了回暖迹象。

梅兴保直接下到了矿井，摸到了轨道车。有矿工向他反映，部分矿井关停之后，很多职工实现了转岗，取得了可喜成绩。但也有人咨询，煤炭价格上涨，是不是这些已经转岗的职工又可以回来搞生产了？

前几年，钢铁煤炭价格好的时候，很多资源大省经济发展迅速，政府摊子铺得不小，一些企业也用赚来的钱大肆搞投资，也由此错过了冷静下来、搞好技术革新和引进人才的最好时机。在供给侧结构性改革中间，围绕去产能，一些人决心不大，甚至认为一旦遇到困难，或者取得一些成绩，或者要素市场价格出现波动，改革政策就会转向。而在这次调研时，他强烈呼吁，不能让已经关停的矿井再“活”过来，要巩固去产能成果；同时，要政府与市场密切配合，重塑地方经济结构。

经此一事，梅兴保感慨，供给侧结构性改革是我国政府多年来总结经验教训之后确定的经济发展重要任务，必须坚定不移地推动，而要实现这一目标，任务的确艰巨。

“任务的艰巨，也反映出一些地区在去产能方面没有掌握方法论。”几乎每一次调研回来，梅兴保都要将调研中看到的问题，与之前的素材积累进行对比。在他看来，对经济调研题目只有深入理解和串并联对比，最终才可能形成有针对性的建议。

2015年11月，一场调研即将在贵州省毕节展开。

梅兴保比大部队提前两天到了目的地。

“有一种说法是贵州省连大山里都通了高速公路，我特意早去，到大山里去看看，顺便去拜访贵州省交通设计院的同志。”到了贵州，梅兴保得知这里不仅已经接近县县通高速，而且每个县都有专业的施工队伍。这本来是好事，但地方上同志却说，由于产能过剩，不仅修高速的工程机械团队无事可干，就连科研设计勘探单位都面临问题。

在随后的座谈中，梅兴保提出，下一步发展中，要从全产业链来看待产能过剩，不能再搞重复建设，同时要提升产业链水平，现有设计勘探和施工单位可以转为维护单位。同时，要关注国家发展战略带来的新机会，比如在推进“一带一路”建设中，同样蕴含着大量优质产能输出机会。

每当有重点选题，或者需要对比较新的经济现象解读时，很多记者都想听听梅兴保的看法，以至于每年全国两会，梅兴保在铁道大厦等驻地一露面，就会被围得里三层外三层。记者喜欢他，不仅源于他是经济界的“杂家”，时刻保持着对经济社会敏感的关注度，还因为他是经济研究界的“纵横家”，他说的看似都是单点新闻，但他从来不就事论事，他提出的建议，细看下来，都是方法论，而在微观经济学里的定量分析，总能够上升为对宏观经济学中的定性思考。

行事唯求无愧心

今年5月，在内蒙古自治区围绕去杠杆召开的一场调研座谈会上，梅兴保听到这样一件事——前几年一家钢企一直在亏损，后来发展取得了突破，今年1季度有了几千万元利润，在这种背景下，企业希望推动债转股，让银行帮扶自己一程。

听到这儿，“老梅”又抛硬话：“企业亏损的时候为什么不这么干？你提出来的建议慢了半拍。相应的政策也慢了半拍，现在企业有利润和现金流了，再提债转股还有什么意义？”

事实上，精通金融业运作模式的他，最清楚债转股是企业去杠杆的“撒手锏”，但他同样清楚地知道，要用好它，不仅企业要补课，连银行都得回炉练内功：“银行业要练就识别企业是否有发展前景的本领，这方面政府不妨帮帮忙；第二步，如果企业是集团，要判断集团是否具备整体债转股的可能，如有必要，分解做债转股也可以；第三步，国资委、中国人民银行和银监会应该多一些部门来推动债转股，特别是现在很多国企经营遇到困难，要推动债转股，需要修改对国企的考核办法，对银行来说，也要为其打开股权退出通道，因为债转股还是暂时的，股转现金或许才是贷款清偿的最终途径。”

与补短板联系最紧密的一个话题就是降成本。梅兴保发现，越是在不发达的地区，企业的融资成本就越高，为此，他多次建议政策性金融机构应将工作重心放在东北和西部等不发达地区。

“但现状是，政策性银行和市场化金融机构都把注意力集中在了发达地区，甚至连直接融资的比重也向发达地区倾斜，导致一些西部地区的企业在当地很难获得上市机会，还要跑到上海注册企业申请上市，我认为要特别防止这种‘穷帮富’的现象。”在一次公开发言中，梅兴保的这段话没有给在场相关部门的负责人留情面。

说问题不留情面，这是梅兴保的一大特点。但很多和他打过交道的人却说，他有一颗赤子之心。

“少年时代有很多欢乐的回忆，中年有漂泊的经历，晚年有幸福的回忆。”履历表在湖南省委政策室处长、张家界市常务副市长、中央办公厅调研室科教组组长、中央金融工委办公室副主任、东方资产管理公司总裁等多个重要岗位尘封之后，梅兴保仍旧用“处世长存宽厚意，行事唯求无愧心”勉励自己作为一名政协委员的一言一行，并将此句书写装裱后挂在自己书房。

一次，本报记者有幸跟随梅兴保出差。在机场来来往往的人流中，他一眼认出一个多年前业务分支基层的下属，并且叫出这个人的名字。相聚的兴奋之余，很多人惊异于他的记忆力。而在不少下属眼中，梅兴保不是个厉害的领导，但他提出的问题往往一针见血。

这种特点，在梅兴保的履职之路上几乎随处可见。比如，当前供给侧结构性改革中提到的去库存问题，早在2013年对全国七八个省市的房地产市场调研时，梅兴保在相关座谈会上就提出当时房地产市场存在的两个突出问题——一是千城一面，大家都上马房地产项目，没有深入考虑实际需求；二是政策调控“一刀切”，一线房地产调控政策一出台，不存在调控需求的地区也跟着动起来了。而忽略因城施策，带来的后果就是各种过剩。

调研路上再出发

“我在新疆呢。”接受完采访第二天，梅兴保又忙活起来了。他最近关注的话题是精准扶贫，他说他对这个题目有着不一样的情结。

乡音未改，乡愁仍在。虽然30年远离家乡，梅兴保并没有忘记少年时代家乡生活点滴。不到20岁就失去了父亲，梅兴保和比自己小三岁的弟弟是当时五口之家里的主要劳动力，自己还患上了结核性胸膜炎，由于当时治疗不及时、不彻底，至今都留下后遗症。对家庭的责任，摆脱贫穷、过上好日子的强烈愿望，支撑着他在众多艰难险阻面前勇于面对和担当。

成为全国政协委员之后，但凡有机会回家乡调研，他都要参与，希望通过建言献策，推动家乡经济发展，让更多人拥有实现梦想的机会。同样，作为一名经历过苦日子的中国经济学家，梅兴保期待着依托精准扶贫，将贫困线以下的父老乡亲们拉上来。

但对于精准扶贫任务的完成，梅兴保有着自己的担忧。第一个担忧来自区域发展差距过大。

十年来，通过调研，梅兴保既看到了最为发达的地区，也看到了国家级贫困县，两者之间的巨大差异常常让梅兴保忧心忡忡："我们要全面建成小康，但你如果跟深圳人谈奔向小康，恐怕已经失去意义，深圳已经提前进入小康了。我们工作的重点应该放在如何帮助西部地区共同进入小康上，这就需要政策制定者分类定策实施。"

第二个担忧来自"数据脱贫"。他到过一些贫困地区调研，感觉地方脱贫扶贫工作搞得还是有声有色的，很多条件确实大为改善。但他很担心一个问题——有些地方一味搞数字脱贫竞赛，会不会把好经念坏了？比如省里说2019年脱贫，到最基层的地方恨不得今年就要脱贫。当然，收入水平可以在某个时间达到一个成果，但整体上脱贫需要很长时间，要防止返贫。这需要扶贫的措施长期坚持下去。

68岁，中国传统文化认为这个年龄将入古稀，但无论是在东方资产管理公司担任顾问，还是在调研途中，梅兴保给人最大的感受就是快：说话快，湖南版普通话说得快而犀利；走路快，年轻人未必能追上；吃饭快，你刚拿起筷子，人家都吃好了；收拾行李快，转战各地调研，约定出发时间，他总是第一个到集合地点的。

苍龙日暮还行雨，老树春深更著花。这是明末思想家顾炎武的名句，也是"老梅"引以自勉的句子。此刻，调研路上，他又出发了。

（原载于《人民政协报》2017年6月27日）

人生最美在征途

庞东梅

“能担任第十一、十二两届全国政协委员，我深知机会难得，唯有努力勤勉尽职尽责，多做点事情，为国家的事情建言献策，才不愧于这个荣誉和资格。”这是全国政协委员、东方资产管理公司原总裁梅兴保的履职感悟。

近10年的全国政协履职期间，梅兴保参加了政协组织的30多个专题调研和一次政协常委视察活动，还参加了人资环委的跨专委调研，成为参加调研和有关政协活动最多的在京委员之一。

“从一个点、一条线到全局性经济问题”

2008年1月25日，全国政协第十届常委会第二十次会议决定了第十一届全国政协委员会名单，梅兴保成为第十一届全国政协委员，时任中国东方资产管理公司总裁；2013年3月，全国政协换届后梅兴保连任，成为第十二届全国政协委员。

“政协履职经历，接触了解的面比过去更宽，自己原来往往只关心本单位、本系统行业的工作，全国政协经济委员会组织的活动覆盖整个经济和农业领域，视野也就宽了；全国政协组织的调研更注重宏观层面的政策取向和重大问题，能帮助自己跳出一个企业微观具体经济经营管理活动的局限，因而所提出的政策建议更具有普遍意义。”梅兴保告诉记者，“我以前的工作是一个点、一条线，而现在关注的是全局性经济问题，要写出有质量的提案，还真得下点功夫。”

作为全国政协经济界的委员，梅兴保把关注的视野投向经济领域，从更宽、更广、更高的角度对我国经济尤其是金融行业的改革和发展，提出了很多意见和建议。据粗略统计，在十一届和十二届全国政协履职期间，梅兴保的相关提案和专题会议发言及参与调研的文稿汇集有五十多万字，一些提案还得到政府相关部门的重视和采纳。

“金融改革是我调研和提案的重点内容”

2009年12月《后危机时期我国潜在金融风险的防范与化解》、2010年9月《关于金融支持战略性新兴产业发展的调查与建议》、2011年11月《对“十二五”规划有关金融问题的学习和思考》、2012年《解决中小企业融资难必须改革金融管理体制》。

这些只是梅兴保提案的“冰山一角”，金融管理体制、金融支持战略性新兴产业、解决中小企业融资难、财税体制改革顶层设计、金融改革创新、农村金融、规范民间融资等金融领域的重大问题，在他的提案中都有反映。而且，提案角度不是为哪个行业呼吁解决什么问题，而是直接瞄准民生，瞄准老百姓的需求。

从2012年提出“草根金融”到如今普惠金融，梅兴保始终坚持的观点是，金融要服务实体经济，并最终服务老百姓，实现普惠金融。2012年两会期间，梅兴保在接受本报记者采访时表示，“草根金融”是为中小微企业提供借贷服务的金融机构总称，金融监管机构在理念上应有所创新，在机构准入上有些制度倾斜，而中小金融机构在战略布局上也应防止雷同化趋势。今年梅兴保又提出《关于突破小贷制度瓶颈、加快普惠金融创新的提案》，继续关注小贷公司的发展与困惑。

“调查研究成为一种习惯、一个爱好”

“这些年来，全国政协的履职生涯使我人生更充实、视野更开阔、知识更丰富。”梅兴保笑言，“没想到退下来以后还是很忙。”调研考察、撰写提案、参加会议、对媒体发表许多重大改革发展问题的意见和建议，梅兴保忙得不亦乐乎。

没有调查研究就没有发言权。梅兴保告诉记者，调查研究问题一直是他人生中的最大乐趣，伴随着他的大学学习生活以及所有的工作历程，逐渐成为了一种习惯、成了一种爱好。

“这些年由于忙于全国政协履职等公务，大多数时间都要按时上班，还经常出差，有时在我和夫人生日的日子也常外出忙碌，只能以距离添加美，真是人生最美在征途。”梅兴保说。

（原载于《金融时报》2017年3月4日）

一位全国政协委员的母校情结和"三农"情怀

——校友梅兴保访谈

张巧云　唐　溧　白雨菲

2015年10—11月，中国人民大学农业与农村发展学院成立了"关心下一代工作委员会"，目的是请老校友教育、辅导并帮助学院学子，树立正确三观，为社会主义建设服务。为此，张巧云教授和唐溧、白雨菲一行3人于2017年5月11日采访了老校友梅兴保先生，采访约在公主坟附近国海广场梅先生的办公室。一进门，看到身着休闲夹克、花白头发、身材清瘦的梅先生正在泡茶，他一边对我们表示欢迎一边说，"公司的茶叶没有我的茶叶好，专门带点好茶来招待你们，尝尝看！"亲切的话语让我们一下子消除了先前的小小紧张。随后，梅先生让我们先浏览一下他的两本书，一本是记者王静写的《信步风云：梅兴保的人生故事》，另一本是梅先生履职全国政协的纪实《老树春深更著花》，粗略一看，发现我们想问的一些问题能在这两本书上找到答案。随后的访谈非常顺利，梅先生很健谈，和我们就他的求学经历、事业发展、对母校的期待以及对莘莘学子的寄语等聊了两个多小时。临别前，梅先生向我们赠送了他的两本书，还委托我们给学院的几位老师以及学校图书馆赠书。以下为访谈实录：

（一）求学经历

问：您工作之后才上大学的，您上大学之前的经历是怎样的？

答：我是老三届的大学生，29岁才上大学，前面一定有经历。上大学之前我是在公社当秘书，秘书之前是在电影公司放电影，放电影之前是在农村做民办教师。农村民办教师是农民身份，我家里都是农民，教过一年半书，教小学高年级到初中，教了一年半就招工了。当时有两个地方同时招工，一个是县电影管理站招电影放映员，还有一个是县教育局招教师。当时以一个青年的好奇，认为放电影比教书好玩，所以就选择了电影公司，而教育局的招工我就没去。回过头来看，当时的选择是很幼稚的。如果是现在的人来选，肯定要选教师，选择教师可以不断地从教小学、初中到教高中，相对很稳定，而电影公司多数破产了，很多人成了下岗工人。就我自己而言，后来如果没有自己去努力改变人生的话，选择放电影确实就没有选择当教师那么好。我为什么最后冲出去了，因为被县里面抽去公社当秘书。当秘书的情况下，人在公社当秘书，但是身份还是属于电影公司，所以“两不管”，这样抽空抓住机会学习考大学。当时考大学需要单位推荐、开介绍信，没有介绍信是不能考的。公社觉得你人也不归我们这里管，就让我去考试了。所以我是在放电影、做公社秘书的背景下考了大学。

1978年恢复高考，语文、政治考题非常适合我们这些有一点基础，又有实践经验的人。那年高考百分制，作文40分，是缩写一篇文章，两三千字的文章缩到800字，观点要保留。这个正好是我当秘书干的事，所以我作文基本上得了满分——38分。我文笔基础比较好，要不然也当不了秘书，没有当这个秘书后来高考也不可能取得好成绩，因此这些经历是连贯的，机会是留给有准备的人的。当时高考总成绩按照现在的分数折算600多分，人民大学这些著名重点大学一个省只招二十来人。

问：您高考的第一志愿专业是农业经济吗？您当时为什么会选择农业经济这一专业呢？

答：对，我第一志愿就是农业经济。因为我当时在人民公社当秘书，生源是“农村工作干部”，人民大学正好有农业经济系，所以就报考农经系。说到这里还有一点小插曲，我在学生来源那一项写的是“农村工作干部”，没有写“电影放映员”。当时的身份是电影放映员，是被抽调到公社当秘书的，其实应该写工人的，放映工人或者电影放映员，但当时我没写，算是用了一点小计谋。当时特别想学农经专业，因为我当年的工作就是一天到晚在村里计工分、搞核算、研究自留地怎么弄……整天想这些事情，所以就想学农业经济。

问：当年的大学学习您还有一些印象比较深刻的吗？

答：农经系当时讲人民公社的核算、农民的不完全经济核算等问题，印象很深，对我在公社了解到的实践情况正好进行了理论上的拔高，理论上不好解释的问题正好有老师给出了解释。当然入学头两年，先是要学理论嘛，主要是学习哲学、外语、数学这些基础性的东西。第二年、第三年才正式开始正儿八经地学习农业经济、技术经济、畜牧经济、生态学、土地管理等等。

问：听说您大二时就在《经济研究》上发表了论文，很了不起，您是怎么选题的？请给我们讲讲您发文前后的故事。

答：写这个论文的灵感首先是：学！就是听老师讲《资本论》，听了胡军、于学儒、宁玉山等教授的课。我们是恢复高考之后上的大学，虽然学习条件差，但很幸运的是赶上这些教授，他们在“文革”中被耽搁了，“文革”之后迸发出的教学激情很高。他们讲的课非常好，讲我们学的东西，加上我们这些学生学习的激情也很高，学习非常认真，二者结合起来，这样就容易产生灵感。就是说学习阶段灵感的产生和教师的水平、激情以及同学学习的认真程度息息相关。虽说不是缺一不可，但三者的结合更容易迸发火花。我本人当过公社秘书，有一些实践体会，所以当教授们讲“所有制”“生产关系”“生产力”时，比一般的同学的体会要更切合实际。1978年开始改革开放，围绕着改革、改变生产关系、所有制有许多讨论，所以当时正好抓住所有制这么一个问题。

写这个论文的另一个缘起还是学，自己学。觉得老师讲的不够，我就去图书馆把马克思、恩格斯选集四卷选本全都读了不止一遍。《资本论》只是主体，马克思恩格斯选集四卷一篇不落，马恩全集几十卷找得到的都读了。凡是涉及到所有制生产关系的，就反复去看，不涉及这个的，就一般地读过去。

读书之后再去收集信息，形成了一个简单的稿子：关于马克思、恩格斯所有制问题的研究，寄给了《经济研究》。寄给《经济研究》之后，放暑假前突然来了封信，说：稿子不错，有基础，但是要怎么改怎么改。我暑假回家没有办法把马克思恩格斯选集全都拿回去，所以就带着稿子，到老家县委宣传部借了一个会议室，在它那个茶几上改了三四天，9月1日放暑假回来就寄回去了。当时都是手抄的，没有打字。寄回去之后编辑又联系我，说这个稿子能定下来，但还有几个事情跟你当面敲定一下，包括署名。因为当时学生发表文章非常少，所以署名都不知道怎么署。通常都是中国人民大学教授，但是我还是学生。是写78级呢还是82届呢，编辑居然和我讨论这个问题，因为他们没有碰到过在校大学生在他们那里发表文章。关于署名跟我讨论了几分钟，最后定为78级学生。10月份文章就发表出来了，得到了80块钱的稿费，最高等级的。40年前的80块钱的稿费可是一大笔收入，或许相当于今天8000块吧。那时候不时兴请客，一二块钱一本的书给农经系同组的同学每人送了一本，那也只花了十块钱。然后给自己留了生活费，给家里小孩、老婆都买了东西，80块钱都用了。

问：听说您自学英语的，这是怎样的故事？

答：原来那时候像我年纪比较大的学生的外语都差，在上大学的时候老师忽悠我们，让我们年纪大的去学俄语。我这个人脑子还比较灵敏，上了一段时间之后觉得这个俄语可能在适应国际化方面有些落后了，所以背着老师从二年级开始把俄语对付过去，然后搞英语。等于大学自学了两年英语。自己学，并跟着英语老师屁股后面听。后来老师不让学了，就听那个广播电视讲座（应该是中央广播大学英语教学）学英语。工作之后又到首都师范大学学了一年英语，所以现在英语和俄语差不多的水平，英语可能好一点，到国外去简单交流、购物，一个人能出国没有问题。

（二）发展感悟

问：您大学毕业后的工作与所学的农业经济专业有关联吗？

答：我大学是学农业经济的，博士也是农业经济，但我的工作单位始终也和农口没关系。大学一毕业我就回了湖南，去了省委政策研究室。当时是要留到中国农村改革发展问题研究总部的，我都留下来了，但是我家里有两个小孩，家人没有办法都来北京，看不到未来的预期，所以我就回去了。省委政策研究室是省委机关，里面只有一个处搞搞农业调研，其他都和农业没关系。开始写、收集研究材料还以农业为主，后来根据工作需要逐渐研究别的东西了，比如第三产业结构、国有企业改革、党和国家领导体制等问题。当然我自己还一直找机会搞些农业方面的调研，还不断学习农业方面的文章，这个没断。其后我到张家界当常务副市长了。当了副市长，分工上，我说我是学农业经济的，要求分管农业，但是书记市长看我学历比较高，说农业有人管，你别管这个。当时普遍认为农业很容易并注重实践，哪个书记县长提上了副市长都可以管农业，于是就让我管计划、劳动、人事、旅游、对外招商，协助修公路、修飞机场等等。整天想着改善交通，搞服务设施这些事，这样我与农业就渐行渐远了，钻研了其他多个领域的知识。我调回到省里，我和领导说去农业部门工作，领导却让我去管经贸。后来调到北京中央办公厅，和农业也没有关系，再后来到中央金融工委、银监会以及东方公司工作，离农业就更远了。

问：你如何看待专业与就业的关系？

答：我虽然没有负责过“三农”的事，但是农业经济的情怀仍在。农业理论、基础经济理论、观察问题和认识问题的能力以及一些做人的规矩，这些都是在大学打好的基础，一直影响至今。大学本身就是学习，着眼于提高掌握判断是非、观察社会、分析问题的能力和学习的能力，有这个就够了。有的人，像陈锡文他们，一天都没有离开过农业经济领域，就往深度和广度研究，在农经领域出成绩，这也是一种很好的专业和就业的关系。大学是构建思维框架，我学农业经济，而工作离开了这个领域，近些年来的政协提案有很多甚至和我的专业背景一点关系也没有。房地产没学过，还有人民币国际化、汇率变化等，我掌握了基本的思维框架，就可以去调查去研究。所以我们在学习的时候基础理论要打扎实，抓住框架，有了这样的框架意识和理论基础，以后再学什么，无论是金融还是其他的什么内容，都能够学得通，再抓住热点学习就能跟得上。

问：您工作后又攻读了农业经济博士，您如何在繁忙的工作之余继续学习的？

答：原来在省里工作的时候，给领导写材料、写调研报告比较多，利用工作上的调研成果，再写自己的研究论文，从而派生了不少成果。那个时候就是白天写正式工作报告，晚上搞自己的研究。这个就需要用心，要下功夫。年轻人要加班的干，那个时候也没有手机，家里也没电话，就是潜下心来弄，痛苦的过程后比较容易出成果。

你们现任院长唐忠，是评审我的博士论文其中一个老师。我的博士论文选题农村金融，就是切中了当时的热点。后来把博士论文扩充出了书，就是《农村金融风险的防范与化解》，出版的比较早了，现在没有卖的。

问：您的政协提案涉及的内容很广，您的关注点有什么变化，什么样的动力促使您关注这些议题？

答：早期提案还真是没有关注社会热点，主要就是以自己单位和所主持的工作为主，比如说不良资产的处置、金融资产管理公司的转型等。越到后来，涉及的面就越广泛了，比如农民工、房地产、移动支付等这些，有很多都跟着热门的话题。政协有工作计划，政协委员参政议政，每年都有年度的工作计划，政协机关会提出一系列的党中央国务院关注的问题，希望委员们选择参与调研。政协的各个专门委员会会组织调研，委员可以选择七八个题目去调研，不用自己操心，你就跟着去。比如下周我要去内蒙古做调研，就是关于“企业去杠杆，规划地方发债”的专题。这是国务院重点需要了解的问题，怎么给实体经济去杠杆，减少企业负债比例，规范地方政府发债，这都是经济热点，我就跟着去调研。前不久还去深圳调研大众创业、万众创新方面的情况。调研不是孤立的，一次调研可能就一个主题，但我们会了解到很多有关的问题，就这些有关的问题又可以展开其他议题，派生其他成果。

问：您已经退出领导岗位，该安享晚年了，为什么还这么忙碌地去调查研究？

答：六十多岁应该是“夕阳无限好，只是近黄昏”了，这都是自然规律，但我觉得可以把黄昏期做成黄金期，多出成果。这个时候学东西，悟性很好，就和学开车的道理是一样的，有长期坐车经验的积淀，老师点拨之后恍然大悟。我的书法是退休之后开始捡起来，明显有进步是在六十岁以后。有基础，就不用像小学生学习一样手把手开始弄，只要老师点拨两下之后就能领悟。六十多岁还可以继续学很多东西。

我现在虽然退出了领导岗位，但还没有退休，还有全国政协这个平台，还有一些组织上安排的工作。要履行好这些职责，还需要进行调研。继续研究一些问题，脑子不停下来，就不容易痴呆，也可以更好地发挥余热、贡献社会。

（三）关于母校

问：您最近回母校是什么时候?

答：我毕业之后，时不时会回母校看看，对人民大学还时刻关注着。我记得2015年9月去你们那参加开学典礼，送了一幅书法，讲了一个半小时。我还在中国东方资产公司当总裁的时候即2007年5月，作为主讲嘉宾，在人大八百人大教室讲过一次大课，就是讲大学生学习、就业和创业的关系，讲完后和大家交流回答了问题。

2008年3月，当时的纪宝成校长搞的一个“两会校友母校行”活动，全国人大代表、全国政协委员中是人大校友的共120多人中，去了七八十个。我那次也去了，还看到新图书馆把我的书《关于金融资产管理公司的转型和发展》放在最显眼的位置。

问：毕业三十多年来，您觉得人民大学除却硬件上的变化之外，其他的变化主要在哪些方面?

答：我从校友的角度来说，看到人民大学的变化当然很高兴了。硬件方面的变化很明显，最近听说要到通州建一个新校区，占了很大一块地，真的是很有远见，我也很高兴，期盼着早一天开学。其他方面的变化更是突出，我也印象深刻。第一是人才，辈出的人才成为人民大学一张张名片。不管是过去计划经济时代、社会主义市场经济时代，还是经济改革转型以后的今天，人大出来的学生在全国的各条战线担当重任。尤其是我们经济金融部门，像我们金融机构，人民大学的毕业生成为绝对的主力，这两年才开始增加了一些北大清华的毕业生，因为他们的经济管理也慢慢地扩大了。十年以前，我们金融机构人大毕业生数量上绝对是排第一的，学业水平还有个人素质都很高。第二是学科建设和学校地位，这些年在各种评比（除理工科评比以外）取得好成绩。人文、国学、法学、新闻学、档案、党史、金融学等一直走在全国高校的前列。第三是人民大学开展了一些活动，在社会上很有影响，提供了一些正能量。比如人大老师参加的百家讲坛、法制讲座、今日说法等，包括师生接受记者的采访。

问：今年是人民大学80周年校庆，从一个校友的角度，您希望的校庆是什么样的？

答：我以前也参加过校庆。先说时间，时间安排上应该给不能参加当天庆典活动的人搞一次座谈、交流、参观、展览或者其他活动。第二是经学校的赞助和捐赠的问题。咱们农业经济系出来当大老板的少，但也有一些发展比较好的企业家，可以事先联系一下，动员做一些小额捐赠。当然，先要设计一个捐赠的方案或者计划，说清楚这些钱是用来干什么，比如说科研计划、奖学金计划、实验室建设计划或者什么基金；还有捐赠资金怎么管理，不能说放在账上不动。资金要运作，就要明确委托给谁来管，并且明确收益怎么用。

从形式上来讲，希望校庆活动是互动式的，不要形成几个人“包场”、大多数人一直坐在那里的大会。开幕式半个小时结束，然后三三两两的交流比较好。大礼堂可以作为分场，愿意听的可以去参加。校庆的主题应该是联络、联谊、宣传学校。像个大party一样，气氛比较活跃才好，把校庆搞成一个学术活动就没有意义。

（四）寄语学子

问：年轻人怎样才能成人、成才，做一个对社会有用的人？

答：最重要的是做人。这个要做好，大学老师也要去提示，从早就告诉大家做人这个问题非常重要。毛主席说过，“做对社会有益的人”。我的概括，做一个对社会有用的人，就是心中有目标和梦想、性格开朗活泼、为人诚信守规矩有底线、有责任担当四个方面。第一是有目标和梦想，当然梦想有层次，有阶段性。我原来务农时想招工，想当一个好的电影放映员，大学毕业以后想做一个好干部，后来到了企业做一个很好的法人代表，最后事业有成了谢幕，希望企业发展、员工进步，达到这样一个梦想就行了。不同阶段不一样，不一定在开始就要设计得非常圆满。有梦想不等于过于理想化，就像有些条件蛮好的人找对象，一直没找着，七八十岁了还单身。这很有可能是过于理想化，把结婚对象设计得非常理想——模样要像电视上的、事业要什么样的、性格要什么样的，最后虽然自己很优秀但由于过于理想化而错失机会。所以给大家的建议是：如果一件事让你犹豫了，就去选择它。引起犹豫就代表这件事、这个本身还不错，实际上是可以的，达到了你的分数底线，一犹豫可能就错过了。有些对象的条件不值得你犹豫，本身就看不上，错过也不遗憾。

第二是性格要开朗活泼。如果你比较孤僻，就应该去学习、磨炼自己活泼的性格。我选员工就很看重性格，我到清华、北大和人民大学的部分专业招聘时，有时不问应聘者的专业和学习情况。比如我们单位信息科技部门，管计算机的，很重要的一个部门，曾经有一个北大学生物的毕业生来应聘，我来面试他，我问他为什么不搞生物而来搞计算机，他说对生物不感兴趣，就是想拿到学位就好，而对计算机有所研究。后来问他家里情况、个人爱好、遇到困难的情况如何克服，他回答都很有逻辑性。当时我们没有问他计算机业务，就直接批准了。后来事实表明，这个北大学生物的同学比有的重点大学学计算机的同学还要强，因为他有兴趣，一直钻研。其实高考已经筛选过一遍了，能上好大学的基本学习能力都不差，只要他有爱好，知道他性格开朗，他会去学好的，又何须拘泥于那些专业、题目呢。后来有北大、清华学核物理的毕业生来我们单位应聘搞金融，我不考察他金融题目，只要性格开朗外向，就ok。

第三，就是诚信做人。讲规矩、讲诚信，实际上就是要有道德、法律底线。

第四，有担当，敢负责。昨天新闻上说到某省委书记考核一个干部，让干部回答一个问题，省委书记提出一种思路，干部赶忙附和那种思路也可以，书记又提出一种思路，干部说这种思路更好。省委书记觉得这个人不能重用，因为他没有自己的担当和意见，我喜欢什么他就跟着你讲什么，没有个人主见，人云亦云。所以担当很重要。

问：年轻人应该如何学习、如何提高自己？

答：我认为，一个人的学习影响你的进步，尤其是你离开学校后在职时候的学习、8小时以外的学习很重要。学什么呢？现在信息浩如烟海，图书遍地都是。怎么选好的、质量高的书籍，怎么选择网络上一些有用东西去学习，这很重要。第一是学基础知识、基础理论。基础一定要扎实并不断提高、拓宽。未来不一定把工作分得很细，比如说在经济管理部门，有可能是银行，也有可能是机关，不管在什么岗位，都要把宏观微观经济理论，包括马克思主义基本原理等基础理论搞得比较扎实。所谓扎实就是说关于基础理论这些东西，你碰到什么问题经得起老师连问“三个为什么”，知其然亦知其所以然。第二是学框架——自己所处行业的知识框架要熟悉。怎么学习框架呢？以金融为例，金融业很复杂、里头名堂很多，但是有几大框架：金融的市场体系、金融的机构体系、金融的监管体系、金融的服务体系、后台体系、分工布局体系等。市场体系中有货币市场、理财的资产市场、外汇市场、资金市场、资本市场、债券市场等。机构有证券、保险、信托、银行这几类机构等等。我们将其各个支线用树状图画下来。就监管体系而言，一方面是几个分业监管部门，另一方面是行业自律监管、法制方面的监管等。加上其后台——风险控制和法规这些体系。只要框架熟悉，里面的各种变化都在框架之内变化，就像在如来佛的手心中间。虽然金融业还有外汇、人民币国际化、国别风险防范等业务，但是你把人民币的汇率、货币市场等搞清楚了，它变来变去还都在那个框架里头。第三是要跟进热点学。热点问题不学就等于你离开了社会。以当前为例，现在整个社会热点是什么？农村金融、互联网金融、“一带一路”战略布局等。报纸上有很多，但是讲的是“然”，你要去分析它的“所以然”。农业农村现在的热点，如集体建设用地与城市用地的同权同价、农地的定权颁证，土地承包权、用地的所有权、用地经营权，即三权分制的改革，一定要跟进，它涉及整个农村承包制的基础和发展机制。

就我自己而言，虽然后来没有从事农业相关行业，但是关于农经方面的热点还一直在跟进。现在记者有时问我有关农经方面的问题，我也会讲到。

问：年轻学生在就业和继续深造之间常有困惑，对此您有何建议？

答：先说说低年级吧，一二年级的时候，不要过多地考虑专业，不过多关注哪些专业有前途、哪些专业不好就业等，这个阶段应当适当地沿着自己的兴趣学习。不要过多地考虑今后在哪个单位工作，因为单位不是你能决定的，社会也在发展变化着的。

而三四年级的同学确实面临着继续国内上学、出国求学和就业等多种选择。总的来说，除了你自己认为特别理想、能够有把握的工作以外，我的建议还是再上个硕士研究生。当然，怎样上硕士也面临多种选择，比如本院系保研、支教保研、考外校、去国外等，就要看各种选择的把握大小。如果有可能，可以选择更加多元的生活环境，选择去上高一档次的学校，创造更好的不一样的学习机会。

2017年5月11日

越是新问题、新东西，委员越不能发怵

——访全国政协委员、中国东方资产管理公司原总裁梅兴保

崔吕萍

从宏观经济数据，到去库存、去产能，再到金融科技、区块链技术和数字货币在中国的应用，即将过去的2016年，全国政协委员、中国东方资产管理公司原总裁梅兴保对中国经济转型升级的多个重要话题保持着持续关注；从东北老工业区到江南基金小镇，他的调研之路也同样马不停蹄。“越是新问题、新东西，我们越要高度关注，不能发怵，不能回避。”在接受本报记者采访时，梅兴保这样表示。

“今年3月，全国两会刚刚闭幕，围绕振兴东北经济，我们80多名委员分成三个大组，出发去了东北三省。我去了辽宁，主要看那里的老工业基地的现状。去了以后，发现有些问题比我们想象得还要严峻。”据梅兴保介绍，表面看，东北经济发展速度慢是国有企业转型困难导致的，但问题的根源与当地上一轮国企改革不够彻底有关，有些遗留问题阻碍了后面的发展。比如说厂办大集体的问题没有解决好，既给股份制改造留下了尾巴，也牵扯到上百万人的就业问题，阻碍了当地国企的整体改革和创新。

“本来我在今年的几个提案里已经提到了区域经济发展不平衡是阻碍全面建成小康社会的最大矛盾，但有些问题还是调研之后才发现的。比如在调研中就发现，因为看不到明确的职业生涯前景，很多拥有专业技术的东北年轻人都跑到南方去了。”梅兴保这样表示。

而为了解决区域发展不平衡的问题，今年11月，国务院印发了《关

于深入推进实施新一轮东北振兴战略，加快推动东北地区经济企稳向好若干重要举措的意见》，其中就有东北地区与南方地区结对子的具体操作方法。

除了关注区域经济发展，即将过去的这一年，梅兴保围绕新的经济现象和业态也进行了比较多的调研，在他看来，印象比较深刻的还是对浙江省、深圳市等地新型电商和互联网金融平台的调研，“通过调研，我们总结了一些观点，比如要支持新业态的发展，并且鼓励他们在发展中规范，而不是一味打压。从目前的情况看，这些新业态已经释放出了活力，同时也在走向规范，特别是互联网金融在中国的发展，既保持了较快速度，也基本守住了不发生系统性风险的底线。”

另外，梅兴保对于这两年新出现的各种特色小镇也给予了充分的关注，在他看来，以抱团发展的模式既可以推动新产业的发展，也可以促进农村经济的发展。

除了实地调研，梅兴保对于中国经济运行过程中的很多新问题也保持持续关注：“比如我们的货币政策和人民币国际化进程，如果与‘一带一路’结合起来看，就又能找到不少抓手。”而在全国政协的宏观经济座谈会上，也总能捕捉到梅兴保“抢话筒”、积极建言献策的镜头，比如在最近一次政协宏观经济形势座谈会上，他就提出应当关注对外投资和在境外的贷款风险向国内转移的动向，建议在对外投资增长很大的情况下，不仅要将“内保外贷”纳入风险权重的计量和监管，还要关注这些国家的国别风险。

（原载于《人民政协报》2016年12月13日）

发挥金融资产管理优势　打造现代金融服务集团

卓尚进

“回顾过去的10年，东方公司在金融资产管理这个中国新兴的行业里开拓创新，创造了历史的辉煌；展望未来的岁月，东方公司将在发挥金融资产管理特色优势、打造现代金融控股服务集团的道路上迈出更大的步伐！”

至2009年10月15日，中国东方资产管理公司正式成立10周年。值此特别纪念的日子到来之际，中国东方资产管理公司总裁梅兴保先生在接受我们走访时发表了这样的感言。（下面是梅总裁回答我们提问的内容）

问：请问梅总裁，过去10年内东方资产公司在不良资产经营处置方面有哪些主要的创新实践？取得哪些主要创新成果？

答：我公司经营处置不良资产的历程是一个摸着石头过河的路程，既没有过去的经验可以借鉴，也不能照搬国外经验。但我们在摸索中前进，探索了一条适合自身特点的处置思路和方法，并做了以下主要创新：

一是通过结构融资将不良资产与资本市场对接，成功融资30亿元。从2005年广州分层信托项目设立，到京津宁三地分层信托以及2008年武汉分层信托成功设立发行，信托结构设计得到不断改进，设立和发行速度大幅提升；2006年，我公司与信达公司几乎同时发行了不良资产证券化产品，开创了此类业务的先河。

二是与政府的合作取得良好进展，累计向政府打包处置约600亿元。自2003年成功出售灌云县政府包以来，我公司与政府合作处置不良资产形势良好，既促进了资产的有效处置，又取得了政府方面的认可，获得了更多的深入合作机会。合肥资产包、长春资产包对公司整体处置格局具有重大影响。

三是利用外资处置1400余亿，利用外资层次不断深化和提升。2001年，我公司在国内首家成功向外资打包出售不良资产。此后，国内资产公司向外资转让不良资产的市场正式形成。我公司在利用外资方面居四家前列。2008年，与GE合作设立的东富公司获批成立，成为国内第二家资产公司与战略合作伙伴设立的不良资产专业公司，进一步提高了我公司开展国际合作的水平。

问：在当前全球金融危机冲击的形势下，我国金融资产管理公司遇到了哪些挑战？面临什么样的机遇？

答：国际金融危机使世界经济陷入困难的境地，我国资产管理公司也受到一定的影响，主要是投资者投资意愿下降影响处置收现，处置资产价格下降。

危机本身是坏事，但“危”中有“机”。资产公司就是金融危机的产物，也完全可以在危机的考验中发展壮大。在资产收购市场上，将给资产管理公司提供资产收购的市场。在运行机制上，使我们更加关注风险的防范，特别是创新业务的风险，提高风险防控能力。在投行业务和发展新领域上，对一些公司实施重组并购，引入“战投”时，能够取得更多的话语权。在人才队伍建设上，吸纳优秀专业人才有更大的余地。

问：当前，资产管理公司的战略转型是有关各方密切关注的焦点，您能否介绍一下东方资产公司的商业化转型和改革发展的最新情况？为此开展了哪些主要的准备工作？

答：资产管理公司的转型，是金融体系改革的一个组成部分。我们要服从大局，坚决按照主管、监管部门的部署，走好每一步。我们正在为转型进行积极的准备，已经完成了政策性业务和商业化业务的清分。提出并上报了公司改革发展和商业化转型方案。当前，已经聘请有公信力、影响力的中介机构对我们的资产负债和损益状况进行审计评估。这是引进战略投资者的重要基础，也是我们对公司转型充满信心的表现。

关于转型，当前最重要的，是要做好手头的各项工作，练好内功，夯实基础。我公司按照主管、监管部门的要求，深入贯彻科学发展观，克服多重困难，取得了良好的业绩。以工建两行可疑类资产为重点的处置收现和商业化收购业务继续保持良好势头。截至2009年6月底，各类资产处置收现1054亿元，继续居业内领先地位。其中，工建两行可疑类资产收现523亿元。建行可疑类资产整体盈利已日趋明朗，工行可疑类资产补亏做平的重点方向将更加清晰。商业化新收购业务逆市而上，列同业首位。

内部管理进一步加强。加强劳动人事管理，完善了激励机制。加强了信息科技建设和基础管理，增强了保障。继续实施全面风险管理，充分发挥经营处置审查、评估、法律、监察审计的风险控制和监督服务职能。认真开展了深入学习实践科学发展观活动，认真做好干部的培养、选拔、交流、培训工作，抓好党风廉政建设和党管党建工作。

有为才有位。这些年，我们的变化、优势和实力得到了认可，处于较为主动的地位。我们在不良资产经营管理领域已经形成了专业优势，已经拥有了证券、保险、租赁、信用评级等多个领域的牌照，初步形成了金融控股集团架构。同时，我们的存量资产蕴含有进行增值运作和参与资本市场的巨大机会。我们对公司的未来发展充满信心。

问：东方资产公司提出的转型目标是以不良资产经营和非银行金融服务为主业的金融控股集团。东方资产为什么仍然将不良资产经营作为核心业务之一？

答：东方公司将不良资产经营作为主业，是现阶段的业务优势决定的，我们在不良资产经营处置方面有专业优势，而且还有存量、有市场，有10年处置不良资产所建立起来的数据信息。

从东方公司的自身优势来说，我们从事不良资产经营已有10年，累计处理了近4000亿不良资产，回收现金超过1000亿。在这一过程中，我们逐步建立了自己的专业优势，包括形成了对不良资产的尽职调查和估值定价技术、积累了丰富的市场客户资源、建立了一套严谨高效的工作流程、拥有一支专业的队伍。从不良资产市场方面看，近几年四家资产公司收购商业银行不良资产规模达到数百亿元，充分说明中国不良资产市场的存在和发展，也大有可为。东方公司商业化业务的效果也证明我们将不良资产处置作为主业是正确的。

从国家金融体系的建设方面来说，不良资产市场与银行信贷市场共同构成一个循环链条，信贷过程中的资源错配和灾害、决策失误等原因形成不良资产，通过不良资产市场加以处理、解决，以促进资源的有效流动和重新配置，这都需要专业机构来完成。目前国内专业从事不良贷款处置的机构数量和素质比几年前有了很大的发展，但最大的只有四家国有资产管理公司，对国家信用体系的完善和金融体系的完备具有十分重要的意义。

东方资产公司将在前10年改革发展创新的基础上，借鉴金融资产处理与管理的国际经验，适应未来本国经济和金融业发展的实际，努力探索出一条发挥金融资产管理特色优势、加快构建现代金融控股服务集团的成功道路！

（原载于《金融时报》2009年10月15日）

确认小贷公司金融企业地位采用非审慎性监管原则

李玉敏

小额贷款公司兴起于2008年，并在随后五年一直保持高速增长。2010—2014年间，小贷公司的数量增长了近5倍，贷款余额增长了近3倍。但2014年之后，小贷行业开始走下坡路，到2016年末甚至出现“双降”局面：2016年末全国共有小贷公司8673家，较2015年末减少137家；贷款余额9273亿元，较上年同期减少131亿元。

全国政协委员、原东方资产总裁梅兴保认为，按照现行规定，小贷公司不属于金融机构，是经营特殊商品的股份制企业，但小贷公司所从事的又的的确确是贷款业务。这种法律定位和实际业务的错位，导致小贷公司在实际经营中面临诸多问题。

他建议，在对小贷公司的监管中，重点看住三条底线：一是不得非法集资，二是不得高息放贷，三是不得暴力催收。

法律定位与实际业务错位

梅兴保在接受《21世纪经济报道》记者采访时表示：“小额贷款公司本来初衷是很好的，为解决小微企业的融资需求，它的作用很大。特别是在前些年经济上行时，它能够解决一些传统金融机构伸不到的地方，所以发展很快，当时政策也很支持。”

不过，近年来小贷行业的发展步伐有所放缓，甚至走下坡路。梅兴保表示：“主要原因是经济下行，企业对贷款的需求没有那么旺。加上企业转型，也在调整自己的思路和方向，小微企业的融资就碰上更多困难。”

梅兴保认为，小贷公司在把握经济发展态势方面，也出现了一些错误。对经济下行，特别是一些产能过剩行业趋势把握不准，所以做了一些大银行不做、传统银行不做的项目，导致小贷公司以高成本融资进入一些高风险项目。比如，部分库存严重的房地产，房子卖不出去，小贷公司就首当其冲。

除此之外，他认为小贷公司也面临外部政策约束和制度瓶颈。按照现行规定，小贷公司虽然从事贷款业务但不属于金融机构，这种法律定位和实际业务的错位，导致其在实际经营中面临诸多问题。

比如，一些地方不能为从事房产抵押类业务的小贷公司办理抵押登记。还有很多省市对于发放中小企业贷款和小额农户贷款的金融机构有定向贴息及风险补偿金等，而小贷公司被定位为非金融机构，无法办理相应业务，也无法享受相应政策补贴。

另外，“营改增”之后，税收负担加重。按照“营改增”之前的政策，小贷公司属一般工商企业，需缴纳税项包括5.56%的营业税及附加税、25%企业所得税，以及自然人股东20%的股东分红个人所得税，税负约占营业收入的30%。而在“营改增”之后，税务部门将小贷公司定位为非金融机构的其他服务业，但在征税时，按照金融机构6%的标准来执行。实际上由于小贷公司的增值税可抵扣项目很少，导致小贷行业普遍税负增加。

坚持“三条底线”

梅兴保认为：“小贷公司的实际业务为贷款业务，其金融属性不容否认，建议尽快确认小贷公司的金融企业地位，给予小贷公司在开展业务的过程中，享受金融企业应有的待遇和身份。”

他表示，对于仅从事贷款、不经营存款的小贷公司来说，其社会贡献大、风险外溢小，建议政府监管部门采用非审慎性监管原则。

在梅兴保看来，对小贷的监管，重点看住三条底线。即一是不得非法集资，二是不得高息放贷，三是不得暴力催收。对于处于不同发展阶段的小贷公司可以采用分类管理、分层指导的原则，本着支持和鼓励小额贷款发展的思路进行支持与监管，消除制度障碍。

他还建议，人民银行、银监会等部委尽快推进修改后的《小额贷款公司管理办法》《非存款类放贷组织条例》下发实施，让地方金融监管部门有法可依。形成银监会与地方金融办或其他小贷行业监管机构的沟通协调及联动机制，统一对小贷公司的各项监管尺度及监管范围。

据悉，《关于支持小额贷款公司健康发展的提案》也是全国工商联今年的团体提案之一。提案中认为，小贷公司最大融资杠杆率只有1.5倍，融资杠杆率低、放大功能弱、可贷资金不足已成为制约发展的最大瓶颈，造成很多小贷公司难以形成持续盈利的商业模式。

为此，全国工商联的团体提案建议，取消小贷公司从银行业金融机构融入资金不得超过其资本净额的50%的限制，对小贷公司融资比例实行差异化政策。

（原载于《21世纪经济报道》2017年3月16日）

金融机构要回归本业

马瑞瑞

主持人：您在四年前的“两会”期间提出过，在推进金融改革的同时，要注重防范金融系统性的风险。四年过去了，国内外的经济环境以及金融创新的程度也都发生了变化，对于风险，您有什么新的解读?

梅兴保：我一直是从宏观经济的角度关注整个经济形势的变化，以及我们金融怎么样防范风险。因为金融是现代经济的核心，所以它的风险状况是我们必须要经常关注研究的。过去四年，我国经济保持高速运行，经济增长速度都在7.5以上，所以很多风险的隐患被经济发展的态势掩盖了。

近年以来，我们国家经济的形势发生了很大的变化。总体上是健康的、稳定的。但由于结构的调整、经济动能的转换，所以整个经济处于慢速下行的态势，从而带来了一些新的变化。

一个主要的方面，是过剩产能的去除。因为过剩的产能挤占了我们国家其他的经济资源。此外，还有国际形势的不确定性也值得关注，我国对外贸易的量这么大，引进外资和我们的对外投资都在增加，人民币正在走向国际化，所以我们一定要分析国外的形势变化。具体来看，美国的经济状况好一点，但其政治生态的变化，使得经济政策变得捉摸不定，欧洲也是这样。欧美它的主体态势是反全球化，所以习近平总书记在“一带一路国际合作论坛”上抓住这个问题要害，阐述了我们要继续推进全球化发展之路。

在这样一个大的国际国内复杂多变的形势背景之下，我国金融风险的防范就不能像过去一样，局限在某一个产业。守住不发生系统性风险是我们的底线，但是系统的风险到底在什么地方？这要根据新的国内经济形势的发展态势和国际上的变化来把握。

主持人：四年前您比较多的关注房地产行业，这也是一个高杠杆的行业。你觉得当前这个行业有哪些值得注意的问题？

梅兴保：房地产的问题，我一直在关注。现在房地产的问题，依然是关注的热点。中央的经济工作会议上，把房地产调控提到了非常重要的位置。对于房地产行业的风险必须要引起警觉，要有很好的防控措施。而房地产行业涉及千家万户，带动的产业很多，所以一定要审慎。我在前些年就提出来要因地制宜，分城分地去施策，这个建议看来是被中央采纳了。有些地方限购，有些地方适当的支持。但从去年的经济运行来看，我有一个担忧就是，我们整个经济资源投向房地产的太多。去年我国新增的人民币贷款将近13万亿，其中个人住房贷款依旧是大头，占全年新增信贷总额的45%。如果再加上房地产企业本身的贷款、发债，以及它在资本市场上的融资，这样就有超过了一半的社会资金进入到了房地产行业，从而引发了两个方面的不合理：第一，使得金融的资源过多集中到这个产业；第二，较高的资金成本也变相助推了房价。这个问题中央也看出来了，所以中央提出说“房子是用来住的，不是用来炒的”。那么今后肯定会在抑制房地产的炒作上有大的动作，但是房地产涉及到的面很宽，所以我们也要把握住度。这就是处理好改革和稳定、调控和稳定的关系吧。

主持人：那么您觉得应该如何来把握对房地产行业管控的分寸和力度，能让这个行业既回归理性，同时又不影响其他行业以及整个经济发展？

梅兴保：我建议，要把房地产税尽快地提交到人大常委会审议，因为这个已经讲了好多年了，还只是好多部门在研究讨论。这房地产税不能再等了，要根据去年中央的要求，尽快提上日程。这是基础性制度方面的一个重要的措施。此外，由于房地产行业涉及到城乡一体化建设，需要通过因城施策、因地制宜的方式来把握这个关系。

但是，各个地方会情况不一样，一线、二线、三线、四线可能不一样，这就需要在不同的地方采取不同的政策。对于特别不正常、问题严重的地方，就应该落实房地产税，以及强调房产要持有一段时间才允许交易。我们可以在一些热点城市，尝试根据大数据来限制房产的转手交易，从而尽可能遏制炒房问题。当然，金融的手段也要普遍使用。有些房地产的开发商会通过各种配资，通过设立基金的办法来融资建设；有些购房者也可以通过众筹、亲戚借款来筹资，一次性付款，绕过金融的手段，但是金融还是最基本的手段。可以在首付的比例上，在房地产贷款的利率问题上随时根据情况来进行调控。

主持人：去年有一些市场人士提出，中国已经出现了系统性的金融风险，您对此怎么看？

梅兴保：关注系统性风险，无可非议。但是现在提出这个问题或者说已出现了系统性风险还为时尚早，当然我们要采取强硬的措施来预防、来预警，而且要根据刚才说的国际、国内新的情况变化，以及我们现有行业的一些情况，来未雨绸缪。为什么说现在还没有出现系统性的风险？

要看到，不良资产增长的比例和实际的额度，去年第四季度出现了稳中有降的态势，这个使我们关注这个问题的业内人士松了一口气。因为从2014年的1月开始一直到2016年的第三季度，不良资产的比例一直是上升的，从1%左右到去年第三季度的1.8%多，但是去年第四季度这个比例下降到了1.8%以下。这个与我们大宗商品价格提升、整个经济结构的调整，去产能、去杠杆的措施见效是分不开的。

有可能发生系统性风险的另一个领域是我们的资本市场。一年半之前，我们的股市经历了剧烈波动，但监管部门及时采取了强有力的措施，打击资本大鳄，有效地化解了基础性的问题，所以说目前资本市场上也不用过度担心。

人民币汇率上的变化，也是引起风险的一个重要的方面。但是我们国家的汇率基本上是有管制的浮动汇率，浮动的比例大一点，但是加上资本市场还没有完全开放，所以这个也不必担心。

那么我们还是主要担心一些跨界经营，和过度追求高利润的企业，比如一些互联网金融企业。前些年监管机构，对互联网金融采取包容的态度，实行宽松的监管政策，为互联网金融的创新留有空间和余地。但是我觉得这个政策的导向，在今年应该调整为新常态下对互联网金融采取审慎监管的政策，对涉及到金融的业务要按照金融业的要求去审批，这也是有效地保护互联网金融行业能够健康发展。

主持人：我们看到现在越来越多的大型互联网公司和产业集团，都开始布局一些金融牌照，在您看来，它们的风险点在哪里？

梅兴保：在市场经济的环境下，经济主体适当地扩展自己的经营范围，进入到新的行业，是无可非议的。但是我们要按规矩办事。比如说以金融行业为例，它要求的资本充足率、风险防控的标准很高。因为它是经营风险的方面，所以在跨界经营和进入别的行业的时候，要按已有的法规和规律办事，经过一定的行业审批，这个是没有问题的。

现在有一些互联网企业在打擦边球，由于它的受众面比较大，它今后在扩大金融业务范围、跨界到其他领域的时候，一定要注意风险的防范。

主持人：我们也看到混业经营已经成为一种趋势，那么从监管的角度，目前还是分业监管，对此，您有什么建议？

梅兴保：混业经营在一个集团内部，是很普遍的现象。就比如说资产管理公司，几乎都是全牌照，但是资产管理公司它本身的监管单位是银监会，由于它还持有证券和保险的牌照，从业务上看，也应该由证监会和保监会来监管。而这样的话，资产管理公司在内部业务运作的时候，免不了很高的协调成本，以及很难防备它有一些风险的积聚。一年半以前，证券市场上股价的暴涨、暴跌，就和一些银行的资金通过信托、基金等配置进入到资本市场有关，如果这些参与的机构是在一个统一的监管部门监管，及时地发现问题，也许情况会好一点。

在我看来，监管的改革一定是今年经济体制改革最重要的问题。而且金融监管体制的改革，是去年政府工作报告中提出来、但尚未完成的一项任务。我相信今年一定会做。而且一定是金融行业监管的部分职能会适当地整合，使它的监管效率更高，这个是第一点。

第二点，对于新兴的业态而言，一定会有一个新的监管的措施来覆盖，比方说互联网金融，它一出现就是跨行业，所以对它的监管一定会覆盖。

第三点，在人民币国际化，以及我们的金融机构走向国外越来越普遍、越来越多的前提下，国内、国外金融业务的监管会统一起来，这会是一个趋势。我们调研过，银行搞内保外贷，居然没有纳入有效监管，这个国际化的态势不可扭转。

主持人：您的提案中还提到了，金融机构防范风险还要从优化自身做起，可以给我们具体阐述一下吗？

梅兴保：金融机构防范风险确实先要练好内功。就是说你要自己把控好风险点，然后通过采取强有力的措施，实施有效的监管，这个风险是可以防范的，是可以不传染的。之所以会有风险的交叉感染，是因为现在的金融机构它的资产负债结构发生了变化，它业务的跨界很多，比如说银行和信托、证券、保险都有互相交叉的买理财，特别是各大金融机构都在争于搞资产管理、财富管理。这个名目繁多的资产管理，今后怎么样监管，上面一定会有从严的监管措施。因为它这个资管，对老百姓而言就是发理财产品，发理财产品就容易垒起资金池，而这些资金到底投在哪里，老百姓也不清楚。现在刚性兑付没有打破，老百姓亏了钱就找金融机构、找银行。所以说银行、证券、保险等，首先都要练好内功，不能做的就是不做。

主持人：那金融机构应该做什么？如何回归本质呢？

梅兴保：第一，开发产品、做跨界的业务，一定要有风险防范方面的尽职调研，而且要有法律上的规范，这是底线；第二，要有专业的人士来做专业的投资；第三，金融机构的经营模式和盈利模式，要从根本上扭转到为实体经济服务的轨道上来，和实体经济共存亡、共发展。而我们现在很多的资金，真正进入实体经济的很少，尤其是中小企业和民营企业融资难、融资贵。为什么融资难？就是因为很多资金在我们金融机构内部循环，做同业、做理财，用于炒外汇、炒期货、炒黄金的资金过多。为什么融资贵？就因为资金的互相炒作，多用到房地产去了，因为它的投资效率比较高，可以承担较高的利率。但是实体经济承担不起，由此就间接引发融资贵。所以说我们就应该从监管的方式上、监管理念上，以及我们的考核机制上，进行深刻的改革。我们在考核机制上，一定要考核金融机构的社会责任。而且我们对于实体经济的支持，对于高科技企业的支持，应该有一定的风险宽限度。

主持人：那您如何理解金融创新和把控风险之间的关系？

梅兴保：金融创新肯定是金融发展的一个动力，我们应该鼓励金融体制的创新、产品的创新和运营模式的创新。但是创新会面临一定的风险，因此要稳中求进。这个稳是积极的稳，不是说什么都不做的稳。这个稳是守住不发生系统性风险、地域风险的底线。允许个别项目、个别事件有风险，出了风险通过自身拨备和股东支持，可以处置、救助，可以继续改进。我是搞不良资产经营的，一个银行有一点点的不良资产，2%甚至是3%，这个是没有问题的。我们要有一定的风险容忍度，这个风险容忍度，就是为金融机构的创新留下一定空间和余地服务的。

（原载于《第一财经》2017年3月）

解码新金融

马瑞瑞　吴　磊

记　者：今天，我们主要请您谈谈新金融的问题，包括新型金融机构和新金融业态。首先要了解的是，新金融与传统金融尤其与五大国有银行有什么样的关系？大银行在转型的过程中转型的方向是不是也应该进行差异化的转型？

梅兴保：对，转型在四大或者五大国有的商业银行中间，应该有自己的侧重点，要弘扬自己的特色。它们既有共同的特点，就是说有各自资源的优势，有一些客户的优势，而且有网点的优势。总体上来说，保持一个竞争的态势，但是各有侧重。比如说业务发展的定位上有侧重，有的注重于大型企业，或者是工业制造业；有的可以侧重于农业产业化，“三农”经济以及城乡一体化；有的注重于国际的发展优势，比如说原来在国际上优势很明显的，就应该沿着“一带一路”的发展战略思路，集中精力在国际上争一席之地。大银行应该把国内的一些为中小企业服务、为普通老百姓服务，这种个性服务，在利用现有网点做好的基础上，适当让位给一些中小银行、小微银行、互联网金融，或者移动服务这种新金融。大银行跟中小微银行有适当的分工。我们调研很多，小微银行老觉得发展非常困难，大银行应该按照国家的发展战略，为整个我们国家的大的战略布局多想一些办法，把为实体经济服务的成本降下来，多为大型的企业设计一些金融服务的产品。比如说实施“一带一路”战略，要多帮助大型企业在“走出去”的过程中，防范国别风险，做好人民币汇率套期保值。而那些小微金融的空间，主要是在一些小微企业上，当然我们现在的考核也在对于小微企业服务的比例上有要求，大型银行应该利用现有的网点优势，并在现有的网点优势上进行一些完善和加强，把新开辟的小微企业服务的领域让给那些民营银行和互联网金融这些新金融机构。

记　者：再来聊金融风险，大银行和新金融机构在战略转型过程中，不可避免地会诞生出很多创新的举措，比如说创新模式，创新的产品，我们如何把握创新跟风险之间的平衡呢？

梅兴保：金融业，要处理好创新和风险防控的关系，创新是发展的动力，也是银行业今后生存发展的动力，没有创新，它就落后，就会失去一些市场，所以说应该加强金融产品的创新、机制的创新和一些流程的再造。要适应于当前互联网金融这种新业态发展的新形势，要在客户的维护上，特别是负债业务，就是吸引存款这个业务方面，要下很大的功夫。我认为创新和风险的防控要并行前进，不能只关注创新，不去管风险。作为业务人员来说，在设计创新产品的时候，要有风险防控的意识，同时要处理好风险防控和创新之间的并行关系，把风控的防控贯穿于每个产品创新的设计、推销到最后实施的过程中，当前最重要的是我们新的金融业态引发了很多创新的题材和创新的一些门路。

我们考核机制上和管理办法上，应该支持银行业在不违背法律、法规的前提下创新。只要是做金融业，就应该有行业的准许和有金融的牌照，但是金融的牌照和准许的规定，又不能限制它的创新。我们在研究互联网金融，在向领导汇报互联网金融的时候，讨论怎么样对互联网加强监管，是不是有别的名称，大家提出一个词“科学监管”，就是说对互联网金融，新兴金融业态，包括我们大型商业银行在做一些产品设计的时候，还看不准的情况之下，如果过多地干预那就会影响创新的发展。所以要有一定的风险准备和一定的风险防控的措施，然后支持它的创新，支持它的探索，不要一棍子打死。

金融风险出现以后，要有一定的处理措施，所以说要有风险准备。特别要提到的，有一些科技型的产业，我们金融业是要支持的，但往往有一个不协调的现象，就是我们在讨论如何支持科技型企业的时候，谁都知道也都认可科技型的企业从它孵化开始，到最后成功，十个能成功一两个就了不起了。但是银行业在支持科技产业的时候，又要求它每一笔贷款都不能失败，在它孵化阶段一般不出手，一般有了现金流的时候银行才出手，这就和美国硅谷银行的做法有很大的差别。人家是像天使基金一样，从科创企业开始就支持，这就涉及到我们考核体制上，对银行要有一定风险的容忍度才能支持实体经济的创新。我们银行业，特别是大银行，在支持实体经济的过程中，对风险的容忍度应该有所差别。支持实体经济，支持事关国计民生的企业，只要程序合法，调查尽职尽责，而由于天灾人祸，由于政策变化等原因引起的失误，金融监管要有一定的宽限度，或者宽限期，金融创新和金融风险防控成为辩证的关系。银行业是经营风险的行业，这就要求我们银行业的人才有很高的分析能力和市场判断能力，以及综合经营的能力，也要有一定的专业化的水平金融机构不仅要有金融专业，而且要有非金融的专业人才。

我们的证券公司招的人才中，相当一部分是学工科的，学理科的，因为证券行业要分析工业企业、建筑业、能源、房地产等行业的行情，一定要有学那个行业的人员，再加上学习金融，做的投资分析才比较到位。

记　者：您刚刚多次提到一个词：金融科技。今年以来，包括百度、腾讯、阿里、京东，这些互联网巨头，或者说互联网金融的先驱者也好，它们都纷纷与国有大型银行达成了合作，您如何看它们的合作？这会成为未来的趋势吗？

梅兴保：互联网金融新业态，这些年风生水起，方兴未艾，我是看好的，但是出现了一些问题，不能以偏概全，有一些问题要及时解决，我们的监管要进行全覆盖。互联网技术应用到金融方面，以及互联网金融的一些新理念是很值得我们金融行业、特别是大型商业银行学习的，大型商业银行也看到了这个情况，所以跟从事互联网业务的行业有一些很好的合作。但是前些年的合作只是表面上的合作，包括支付清算，包括借道做一些理财等。现在的合作已经进入到新的层次，即开展深层次的合作，过去是借道，现在到了股权方面的合作，相互持股，形成利益共同体，有的签订了战略合作的协议。我到过阿里巴巴集团五次，其中有三次到它的蚂蚁金服集团调研，他们与很多银行的合作越来越广泛，越来越深入，这是一种趋势。传统的商业银行不能再依靠规模扩张和物理网点的优势，也要借道，或者说也要借鉴互联网金融在线上从事金融业务的一些做法。特别是要发掘大数据和云计算的优势，对于客户进行精准营销，从大数据方面找到客户的身份消息，消费习惯，以及行为习惯，使我们的营销由过去的坐商变成了行商，我们大银行能精准找到高净值的客户，能定向给他们做一些金融产品，包括他们的境外产品，包括出境服务。

当然，合作不要走上邪路，不要走上歪路，前些年合作的时候，有证券公司、信托公司、基金公司与银行利用互联网的技术进行配资，把一些贷款资金拐弯或者嵌套理财进入股市，引起股市的动荡。近年个人消费贷款又进入到房地产炒房子，这都是不对的。所以要严格控制，加强监管。互联网金融做的是小额贷款，微信支付也有严格的额度限制。国有商业银行跟它合作的时候，一定要把握这种风险，把握政策的导向，为实体经济服好务。大银行借鉴互联网金融，进行技术和理念上的创新，同时要避免一些野蛮增长发展的一些弊端，这样的话会有更好的发展前景。

互联网金融更要借鉴大银行，因为互联网金融企业的资金来源，虽然可以通过像类似于余额宝这样的产品和平台，把一些银行的负债业务即存款吸引一些过来，但是现在资金要进行托管，托管就要找银行合作，它不能做其他的资金池。另外，要划清与非法集资的界限，不能碰这个红线，还不能泄露用户的秘密，大型商业银行做得比较好，值得新金融机构学习。

总的来说，互联网金融与传统银行的深度合作是一个趋势，我们中国银行业在国际上的优势，可能今后也在这里，因为国外对于互联网金融有的不太感兴趣，有的很害怕，我们要扬长避短，弘扬我们的优势。

记　者：我想再补一个问题，就是金融如何服务实体经济？

梅兴保：金融服务实体经济，是我们整个金融业最重要的一个问题，尤其对国有大型商业银行来说，这是它的历史使命和工作的主要方向。金融业重要，银行业重要，但是不管它怎么重要，它还是第三产业，是服务业，是为实体经济服务，是为它进行融资，融通资金。现在服务多元化了，但是为实体经济的方向不能变，现在银行要回归本源，这个本源就是为实体经济服务，不能偏离。我们要有这样的责任感和经营方面的考核要求。

前些年，从大的方面来说，银行业偏离服务实体经济主要是三个方面，第一是大量的资金投向了房地产，去年的新增贷款一半在房地产业，这在很大程度上支持了低端产业的发展，让那些低端产业、过剩的产业反弹。正常、健康的房地产是实体经济的重要组成部分，但是炒作性、投机性的房地产它就偏离了实体经济的方向。

第二是金融同业业务规模太大，同业业务就是资金在金融业内部转圈，或者说自我循环，赚钱以后又自我欣赏、自我陶醉。今年以来，同业业务量下降了，下降最多的是股份制银行，因为它原来同业业务做的很多，所以它的利润增幅今年是下降的，而大型银行今年利润是增长的，这证明大型银行的同业业务相对比例来说不如股份制银行。

第三是银行表外业务过多，特别是各种理财多，这种情况今年以来得到了很好的制止。金融业特别是大型银行服务实体经济，就要把上述三大块业务控制住、不让它反弹，相对还要进一步降低。但是我们在有些地方调查研究，发现银行的贷款过多堆在房地产的问题还仍然存在，特别是有一些准一线城市，或者二线城市，这个问题还比较突出，希望金融业要按照中央的要求，巩固近一年来的成果，为实体经济服好务。

总体上来说我们金融系统资金的配置应该更多增加直接融资的比重，这对实体经济的支持是最直接的。我们今后引导企业找资金，先用直接融资的办法找资本市场，找股东，找基金，然后不够了，或者发展到一定程度，企业有现金流了，再找间接融资。

大型银行在支持实体经济的时候，一定要改变我们的考核办法和运行机制上的一些规定。不能注重近期的单个项目的盈利情况，而应该考虑整个的贷款投向、资金投向，是真正到了实体经济，还是在内部转圈。现在有些用资金来炒作房地产，或者是炒作股票，搞一些资金市场的拆借，可以立马有回报，有一些投到了实体经济，不仅是当月看不到、当年都看不到回报，实体经济生产周期比较长。所以我们对支持实体经济的考核不能单单是考核一个短时期的资金回报，应该考核它对于整个经济发展贡献的水平，这是很重要的。为什么前些年资金不愿投向实体经济？因为投在货币市场、资金市场和房地产市场吹糠见米，这种情况很糟糕，应该在我们考核、治理机制上想办法解决。

银行主管部门应该对贷款投向某一个行业的比例有一个严格的限制。我们现在限制银行贷款过度集中是针对某一个企业，比如说一个集团不能超过百分之几，一个单个企业不能超过百分之几，但是整个行业贷款的情况，只是一个统计上的要求和一个指导性的意见，应该进一步地改进，这是政治责任，要落实总书记和中央经济工作会议要求，把支持实体经济的要求落到实处。

对那些融资压缩的行业，我们要果断地压缩，要保证实体经济需要的项目能够得到融资，保证那些科技型的企业能够得到一些金融方面的支持。

另外，借这个机会说一下，我们调研很关注整个金融管理体制上的改革，中央金融工作会议一个重要的决策或者亮点是成立国务院金融发展稳定委员会。据我们调研，上面的顶层这么设计以后，它对于统筹监管、统筹管理整个金融行业的情况，是非常必要的。但是怎样能够把决策的一些要求，落实到下面的金融工作当中去，还有一个过程。希望有一些政策尽快落地。比如省里怎样来统筹决策协调一些事项，要有章可循。考虑到金融行业全都是垂直管理的行业，总行决策，下面是执行，基层怎么搞，大家很有期待。

现在省里有金融办，这个金融办是个什么机构，它能够监管吗？有些地方就挂了监管局的牌子，因为很多事情，特别是新金融类机构，新型金融业态和一些非法集资的处理，还有担保公司、融资租赁公司，要求地方政府来管理，但是怎么来管，怎么来协调，这些监管的问题非常重要，我们要呼吁一下，尽快把改革的措施落到实处。

（原载于《第一财经》2017年10月17日）

二维码支付监管应减少行政干预

王　硕

昨日，全国政协委员梅兴保在接受《新京报》记者采访时表示，从2014年被叫停到2016年被认可，随着二维码支付业务的逐步规范，市场发展也逐渐趋于成熟完善。他建议，在后期监管中，监管机构应以民意为先，统筹考虑社会价值与潜在风险，减少行政干预，加强市场监管。

“得益于二维码支付技术的普及和推动，中国在移动支付、金融科技等领域实现弯道超车，并积极助力新型智慧城市、互联网+政务等国家战略和规划。”梅兴保今年提交了一份名为《关于进一步发挥二维码支付社会价值的建议》。他认为，一度因安全问题被叫停的扫码支付，在统一的监管标准下获得推广。

“目前，支付宝、微信支付、中国银联及各商业银行等均已在二维码支付中采用数字签名、安全加密等技术手段，确保二维码生成、传输和解析在各自体系内闭环运行，技术上保障用户资金和信息安全。”梅兴保称，以支付宝为例，其公布的线下二维码支付发生资金损失的概率约为十万分之二，低于中国人民银行此前公布的国内银行卡POS刷卡业务的欺诈率万分之1.99。

中国支付清算协会发布《2016年移动支付用户调研报告》显示，超过一半的用户使用和接受二维码支付。事实上，不止梅兴保，多位代表委员和专家认为，中国正起步，今后会全面迈向“无现金社会”，这有赖于政府、市场等多方的合力推动。

业内普遍认为，从市场主体来看，二维码支付参与主体既包括支付宝和微信支付等支付机构，也包括中国银联、中国工商银行、中国银行、民生银行等传统金融机构，应当尽快形成有序竞争、共同发展的市场格局，进一步完善支付体系，推动建设无现金社会，加快全新金融基础设施建设。

（原载于《新京报》2017年3月）

债转股是处置不良资产较好方式

唐建丰

“债转股”是处置不良资产的较好方式

不良资产处置成为金融业关注的焦点，近期商业银行对不良资产“债转股”的讨论相当热烈。东方资产管理公司原总裁、中国银行原外部监事梅兴保近日接受南都记者独家专访时表示，从2015年以后，不良资产有增加的趋势，总量上银行不良资产已超一万亿元，地区分布很广泛。不良资产现在有一些风险隐患，需要加快处理。

而在处置不良资产的方式上，梅兴保认为，“债转股”是处置不良资产的较好方式。

此外，梅兴保对南都记者表示，信达资产管理公司、华融资产管理公司已在香港上市，而东方资产管理公司的发展情况非常好，现在长城资产管理公司在进行改制前的工作。

“四大”对接“大体量”

南　都： 除了四大资产管理公司外，目前地方性不良资产管理有限公司发展迅速，您怎么看？

梅兴保： 各地方政府成立资产管理公司，这是最近两年来的事情。

过去几年，银行的不良资产一般由四大资产管理有限公司来处置，现在四大资产管理公司也转型，进行商业性运作和处理，也没有政策性的资产剥离了。四大资管公司的地方机构，只有省里才有办事处，地市没有机构。不良资产少的情况下，四大资管公司可以处理。

但是，从去年以后，不良资产有增加的趋势，总量上银行不良资产一万多亿元，地区分布很广泛。而不良资产现在还是有一些风险隐患，需要加快处理。除了四大资产管理公司要发挥作用外，还要发挥地方性资产管理公司的作用。四大资管公司原来都是对大体量的，而对于小企业的、中小企业的、收益很小的不良资产，四大资管公司做不过来。

南　都：地方性不良资产管理公司可以接过来？

梅兴保：现在省里、地市的企业出现不良资产，省里和地市也有金融机构，有自己的银行、保险公司。如果自己的银行出现了不良资产隐患，地方性资产管理公司处理起来更为方便。

此外，地方资产管理公司更加方便地与司法机构打交道。处理不良资产有些是要重组，即债务重组，进行打折处理、打折买断。但是有些不良资产由于债权人、债务人谈判，无法达成一致意见。债权人则要诉诸法律，要通过法律手段来解决，对于这些案例，地方的资产管理公司处理更为方便。

“债转股”要按照程序来做

南　都：除了打包出售不良资产，现在热议的“债转股”，您怎么看？

梅兴保：实践证明，债转股是处置不良资产的较好方式，尤其是对政策性的资产处置发挥了重要作用。

通过政策性的债转股，可以把银行业不良资产的处置与国有企业结合起来。就是在经济下行的时候，银行和企业共渡难关，经济上行的时候退出，不伤筋动骨，不破产，这是个好办法。目前国有银行、地方性银行已经改制，有的还在香港上市，要实行不良资产“债转股”，要按商业性的、市场性的方法来进行。

首先，资产经过公认的会计师事务所、资产评估所进行评估。此外，还要经过严格程序、授权程序，比如经理人能处理多大的资产规模，董事会能处理多大资产规模，股东大会可以表决同意。“债转股”要按照程序来做。

去产能对银行业影响已显现

南　都：银行业息差收窄，不良率在提升，2016年会不会比较难过？

梅兴保：银行业的确竞争很激烈，日子比以前难过。银行业利润整体很大。由于原来基数很大，虽然利润很高，但利润增幅不大。利润增幅降下来，这是正常的，因为靠利差赚取较高利润的时代已经过去了。利率市场化，竞争更为激烈，对于银行的发展来说，困难很大，但还是健康发展。

南　都：钢铁、水泥等行业加快去产能，会否对银行不良率数据造成压力？

梅兴保：银行业的不良率在1.7%，大银行则在1%左右，部分行业去产能的影响已经显现了。银行的减值拨备覆盖率很高，都在150%以上，再减少利润就可以。整个行业是能够向前发展，而且现在银行业都在转型，都在做创新服务。

财政赤字提到3%是恰当的

南　都：关于财政赤字设定在3%，您怎么看？

梅兴保：赤字率比往年提高的幅度大一些，提高至3%，这是政府工作报告的一个热点。我认为，这是恰当的。对全世界的大经济体来说，我国的赤字率还是在安全的范围内；其次，中国经济体量很大，财政收入保持中速增长，去年将近6%的增长，偿债的能力还是比较强；第三，提高赤字率，也就是政府发国债，主要用于支持实体经济的发展，减一些税收和减一些费用。煤炭、钢铁行业进行去产能，要帮助去产能的企业，解决一些下岗职工的再就业、安置就业，这些钱是要出的。这些钱是用于实体经济的再生产。

不过，3%的赤字率已经提升很大了，以后确实不能轻易再提高。今年的困难时期已经能够筑底，不会硬着陆，能触底回升。因为结构性的改革之后，阵痛过后，经济能慢慢向好发展。目前结构性问题在调整，产能很多、库存很多，要把这些问题解决，生产适合需求、高科技的东西，将低端的东西淘汰掉。加上城镇化的拉动，战略性新兴产业发展，“互联网+”金融等在经济发展中很有潜力。

（原载于《南方都市报》2016年3月）

不良资产处置的新思路

杨燕青

CBN：四大资产管理公司诞生于上一轮坏账的高发期，现在跟那个时候相比，这一波大规模不良资产的出现有什么新的特点？有什么不同？

梅兴保：从这一两年来，由于经济下行，特别是整个宏观经济结构的调整，产能过剩的情况比较突出。再加上两年以前钢材贸易即钢贸也是在经济过热时候出现了问题，以它为代表的一些贸易链上的融资出现了资金链的断裂，所以引发了不良资产的小高潮。到现在为止，不良资产的总额和比例，都比年初有双升的状态。

CBN：不管是看宏观数据还是银行数据，很多人对于未来一段时间资产质量的变化，其实是比较悲观的，您怎么看？

梅兴保：过于悲观也没有必要。从数据来说，不良总体上是双升，但是从它的指标体系来看，在全世界和我们自己历史上，横向和纵向来说，还是处于一个合理的水平。

比如说银行业的不良资产总量，很巧合的是13900亿，和当时15年前剥离给四家资产管理公司的总量完全符合，也是13939亿。但是那时候，四大银行的比例不良率都在25%以上，甚至个别达到了30%。而今年第一季度的季末，银行业的不良资产的比例只有1.75%，比去年底上升了0.7个百分点，上升得比较快，但是总量还是比较低的，在2%以内。根据我们处置不良资产的情况和对于银行业的风险判断，总体上2%以内就不必大惊小怪，不必担心。

CBN：所以虽然这个市场变大了，参与方增多了，但其实它的门槛依然很高。对于不良资产处置技术，还有资金都有很高的要求，并不适合所有的参与方。

梅兴保：对，有管理团队的要求，资金的实力要求，有一定的经验要求，这是正常的。至于互联网金融公司参与不良资产的收购经营处置，这也是个好现象，我希望这些民营的进入到不良资产市场的机构，先从小规模的不良资产项目开始，不要一口做得很大。所谓小规模，就是有些单项不良资产，比如说银行的几个企业，大家都看到房地产比较好了，能够抵债能够算。有的是开发的加工企业，有的是农副产品的企业，有的是农产品的加工企业，有的是生物制药企业，它们形成不良的中间，从单个的企业做起，不要一口气做资产包，因为做资产包以后，定价能力和处置能力的要求水平都很高。

但是也有一些企业家只看中资产包中间的某个企业，把它做成上市，用一俊遮百丑。但你有没有能力，有没有这个判断，有没有这个本事，把资产管理公司中间推出的不良资产的企业做成上市，这个也是很不容易做到的。

CBN：谈到不良资产的处置，最近还有一个大家非常关注的事情，就是不良资产证券化重启了。距离上一次重启，已经隔了八年的时间，为什么会在这个时间点重启?

梅兴保：重启不良资产证券化，我认为是纳入到信贷资产证券化过程中间的一个环节，一个部分。整个信贷资产的证券化是建立在我们结构调整，供给侧改革大政策背景之下，是为了盘活信贷资产存量而出现的一个措施。因为现在信贷资产的证券化，就是为了盘活信贷的存量，在这个存量上做足功夫，把存量资产盘活，信贷资产证券化以后会出表，可以利用更多的信贷资金回来，之后重新投入到实体经济中间去。信贷资产证券化已经在两年以前就有几千亿实现了，现在不良资产的证券化又开始了，这实际上是信贷资产证券化业务的延伸，但是难度加大，因为它的资产是不良资产，大范围还是信贷资产，只是这部分信贷资产由于展期了、延期了，形成不良。不良资产证券化后，处置的手段更加多元化，按照不良资产的办法进行处理，所以它的定价模式、方式更加复杂，但它也是银行落实供给侧的结构改革，从存量上做文章，是一种经营创新。现在看起来这个非常好，也希望有更多的银行经过批准以后，推出不良资产证券化的产品。也希望投资者不要担心，因为不良资产证券化的产品，经过了中介评估机构，经过了增信之后，应该是比投资的其他理财产品更加保险，甚至有的比投资国债利息还高一点，这个是我们看到的研究的一些情况。

CBN：从暂停到重启，其实之前也经历过这样的过程，所以很多人都认为不良资产证券化被当作了应急的手段。

梅兴保：这个不应该是应急手段，之所以大家把它看成应急手段，是因为现在处置不良资产的手段欠缺。这一两年来，资产管理公司和不良资产的所有者，也就是跟银行的谈判很艰难，叫好不叫座。所以这样的情况之下，银行推出不良资产证券化的产品，大家觉得这样很稀缺。

实际上，我相信今后监管部门会放松对银行推出不良资产证券化的举措，以后会推出更多，希望走向一个常态化，更多的是银行的信贷资产，正常的信贷资产证券化，把未来的收益提前回收。

CBN：除了不良资产证券化之外，还有一项也是最近媒体谈论比较多的不良资产处置的方式，就是债转股。包括在两会期间这都是一个热议的话题，但是最近一两个月这个话题好像突然又冷下来了，为什么？

梅兴保：债转股，根据我们经历过的人来说，国家在十几年前实施债转股的政策，是搞活国有企业的撒手锏。当时主要是为了搞活国有企业来进行的一个措施，因为当时进行债转股也有一定的前提条件，不是所有国有企业的不良资产都来进行债转股。它是国有企业有发展前景，而且有很好的管理团队，只是因为负债过高，使国有企业步履艰难。这样的情况下，经过人民银行和经贸委的审批，包括国务院批准，一共只有580户进行债转股，实施的结果很好。

当然，因为这些债是不良资产形成的，所以从大的概念上来说，它也是处置不良资产的一个有效办法。但是，它是通过债转股的办法形成的，就是使债权的持有人、资产管理公司和国有企业共艰难、共患难。所以，我们过去处理的，包括跟鞍钢，这些东西处理得很好，它的财务状况立马改善，使企业蒸蒸日上，后来上市，然后又以很高的价格还给我们，我们把这个股退出去了。

现在的债转股应该特指的是银行持有的不良资产。是不是进行债转股，以及怎么进行债转股？不是说现在有些企业在去年债市火爆的时候向社会发债，来债转股，这个是两回事。而且据我们调研，之所以有个别企业发的债不兑付了，抛出风声说等债转股，这是不对的。我们说的债转股是指商业银行持有的对于企业的债权是否进行债转股，怎么进行债转股。我认为国家应该选择一些需要帮助的企业和银行协商，由银行和企业通过商业性的办法进行债转股，使企业渡过难关，这个企业有严格的限定标准。在15年前都限定了只有580户，现在在市场经济条件下，应该限定更小的范围，行业更窄，不是说所有的企业都来债转股，第一是符合国家战略支持扶持的企业，包括战略型的新兴产业，这些企业在前两年由于它的负债过高，承担了国家的一些战略性任务，比如说战略攻关、战略储备，甚至军工上战略上的需要，而且它现在又有很好的发展前景，国家必须扶持它。这样的话，就应该允许这样的企业和银行协商，通过市场性的办法来进行债转股，使这个企业把它的债务率降低以后，能够轻装上阵，勇往直前，银行和它共渡难关。

市场性的办法，最核心的是当时要谈一个价格，不是像过去那样，按账面的价格进行债转股。谈价就是说这个债，现在根据你的状况，根据你的净资产情况，和每股净资产的比例，来判断一个资产值多少价。然后，这个资产值多少价不是企业说了算，也不是银行说了算，是由有信誉的中介机构进行评估，做一个价进行计算。

我建议，既然是国家支持的企业，应该就银行和企业直接来进行谈判，然后特许银行把债形成的股转让给银行的子公司。因为现在所有的银行都有子公司，而且有的子公司设在香港，没有一家没有的，银行都搞多元化了，所以这个问题比过去来说，就法规上的突破，比过去更加容易。过去是银行没有设置几家子公司，现在每一家银行都有子公司，它持有股权，持有一定期限以后再退出来，这个是可以的。

CBN：跟上一轮相比，现在的不良资产处置机遇更大，挑战也更多，在现阶段不良资产的处置过程中，需要避免哪些问题？

梅兴保：现在不良资产的处置过程中，首先银行对于不良资产的容忍度，应该适当地提高一点，应该让他们有处置的积极性。因为，现在对于银行考核机制太严厉，所以它有些不处置，或者是滞后处置，这样会丧失了一些机会。所以银行产生的不良资产要及时处置，该核销的及时核销，只要这笔资产是经过了严格的评估、定价、审批程序。所以，对于经办人的责任有个科学的认定，不能说出了一点这样的事情就终身追责，这个办法应该改进。

其次，就是处置的专业性的机构，像资产管理公司，应该担当大任。不良资产的处置、经营，是国家的四家资产管理公司以及各个省经批准成立的资产管理公司的主业，主要精力应该放在承接和处置不良资产上。

另外，我们在处置不良资产的资产公司和银行间价格谈判的过程中，应该要有一个三方共享的互利共赢理念，不要过于计较自己一时的得失，应该看到长远的发展。不良资产中有一些资产从当前来说可能不值钱，但是从长远来看，它是值钱的，有的是房地产抵押，有的是股权质押，在经济下行的时候可能这个东西价格很低，但是上行的时候就很值钱。我们资产管理公司之所以现在存在得很好，就是由于过去低价抵质押了一些房地产、烂尾楼和股票，后来都在升值期间变现了。因为现在很多不良资产都有比较完善的抵质押，主要是现在很困难。

最后，需要各个部门通力合作来配合，因为现在不良资产主要出现链条上的一环，这一环联系有很多环节，所以我们各方面来积极配合，不要互相之间拆台，应该共同协商、互相结合、共同来处置，利用各方面的有利条件，大家一起协商合作。单打独斗不行，包括债务重组、并购等，以及和国有企业的引进战略投资，都要有一个很好配合的心态。国家对于不良资产处置的税收，应该继续享受一些税收优惠，这些方面我没有细说，也有的不良资产停留在这里，利息没有交，形成不良资产了，但是你有了收入，税务还要计税，这个情况也有。总的来说，需要多方面来配合，包括监管部门、税务部门、财政部门，原来核销是要财政部批的，现在这个政策放宽松了，但是也需要一起配合来化解不良，使企业能够轻装上阵、银行能够轻装上阵。

（原载于《第一财经》2016年7月8日）

“名股实债”的债转股不如不做

徐燕燕

在2017年全国“两会”正式开幕之际，全国政协委员梅兴保，带着他的提案之一关于“突破小贷制度瓶颈、加快普惠金融创新”，3月1日接受了《第一财经》记者的专访。

梅兴保曾担任东方资产管理公司总裁、中国银行外部监事，作为上一轮由四大资产管理公司（AMC）主导的政策性债转股的亲历者、AMC商业化转型的见证者，他对普惠金融、市场化债转股、AMC转型发展，以及金融监管改革等热点问题有着自己独到的观点。

互联网金融审慎监管应常态化

第一财经：你今年“两会”的提案是关于小额贷款公司，目前这个领域存在怎样的问题?

梅兴保：普惠金融是最近几年我关注的重点领域之一，在中国经济走向全球化、市场化的时代，政府特别是宏观经济的主管部门应该特别关注这个领域。而小额贷款公司是介于互联网金融和大银行之间的普惠金融代表性的机构，它为小微企业、个体工商户提供金融服务。但是，最近两年伴随经济下行的压力和一些其他原因，小贷公司的发展受到限制。目前全国范围内小贷公司大约有8673家，贷款余额9273亿元，均比去年同期有所减少。同时，一些小贷公司在发展过程中，因为风险防控措施不到位，暴露风险而关门。

法律定位不明确、监管标准不统一、跨区域经营受到限制等问题制约着小贷行业的发展。这种情况下，我们应该支持它的健康发展，这是普惠金融的一个重要方面。

第一财经：目前去金融杠杆、抑制资产泡沫的大背景下，对互联网金融的监管不断趋严，这是否会给新的金融业态的发展带来制约？

梅兴保：目前，整个金融监管是在不断收紧从严的，对互联网金融的监管也不例外，我认为，这是一种及时的监管思路和政策的调整。实际上，大概四年前，也就是互联网金融或者说小微金融新业态发展的初创时期，国家对于互联网金融实施适当宽松的监管政策，为互联网金融的创新留下了余地和空间。

经过几年的发展，大众对互联网金融的业态已经看得比较清楚，而且受众面足够大，在这样的情况下，有很多居心不良的人想打着互联网金融的幌子“捞一把”，例如，个别地区出现互联网金融平台涉足非法集资的案件，还有一些平台涉足理财、资产证券化等自己都没搞明白的业务，还有一些和地方交易所平台配合，做一些层层绑定、嵌套的产品，把消费者绕晕。这些都蕴藏着极大的风险，要防微杜渐，通过严格的监管使风险不会引爆，所以目前监管的思路和理念应该是基于常态化的审慎监管。

市场化债转股也要有政策引导

第一财经：在“去杠杆、去产能、去库存”的背景下，去年新一轮债转股正式启动。但实际上，从这个建议被提出，到去年有项目正式落地，关于债转股的争议就没有停止过，对此你如何看待？

梅兴保：四大国有资产管理公司在上一轮债转股中发挥了最主要的力量，最有经验。就我个人来说，在资产管理公司任期内经手过很多企业债转股，从审批到有限的管理，从股权持有到退出，整个过程都经历过，我深有体会，上一轮债转股确实是解决当时国有企业和金融行业双重困难的一个有力武器。

债转股是帮助企业去杠杆最有力的措施之一，降低企业负债率立竿见影，对去产能也能起到一定的效果。所以，去年“两会”期间，我呼吁用债转股来解决目前经济下行中的去杠杆、去产能、去库存等问题。2016年国务院提出把债转股作为支持实体经济发展的一项重要措施，我建议，下一步，发改委、央行、银监会等有关部门应加快出台专门的实施市场化债转股的指导意见，对于实施市场化债转股的条件、过程、如何管理及退出等给出详细的指导。

第一财经：上一轮债转股是政策性的，当下的债转股最主要的特点是强调市场化，两者有什么不同？政策性债转股可以为市场化债转股提供哪些可借鉴的经验？

梅兴保：过去主要是政策性债转股，也尝试过商业性债转股，但是做的比较小。最主要的区别，简单来说，市场化就是两家谈判，价格谈得拢就做。而政策性就是按照国家给的价格，把债权转成股权，然后履行一个股权登记和工商登记手续就可以了。此外，当时政策性债转股不允许资产管理公司对于债转股企业进行日常管理，只是作为股东开会去一下，不管你占有的股权是多大。据我了解，四大AMC上一轮政策性债转股中留下来的项目目前收益可嘉。以东方资产管理公司为例，去年政策性债转股带来的收益在8亿元左右，今年预计盈利10亿元。

这也为我们今后搞商业性债转股，积累了很多的经验办法。市场化债转股首先要与对口银行进行商业化谈判，对资产进行评估、定价，市场化债转股需要注意的是，要选择有价值的企业，确保自己所购买的资产最后能够赚钱。在企业的选择上一定是要成长性好的，是暂时困难的。比如，一些机械加工装备行业，或者个别钢铁企业、物流企业等，而不是僵尸企业、产能过剩行业。

第一财经：此轮债转股的大幕目前已经拉开，五大国有银行都设立了自己的专门机构，一些股份制银行也在积极部署，通过与资产管理公司合作设立资产管理子公司等形式积极参与到债转股中，这样做的好处和弊端在哪里？商业银行和资产管理公司如何通过合作实现共赢？

梅兴保：如你所说，这一轮商业银行可以通过其他方式参与到债转股中，商业银行自己设立资产管理公司后，一些债权就会优先给自己设立的资产管理公司，相当于“儿子和父亲”中间协商一个价格，当然这个过程中间，财政部或许会过问评估，确保不会出现国有资产评估不公正。但总体而言，整个过程的成本就大大降低了。

此外，对于商业银行来说，除了考虑成本问题，关键是留住了核心客户。因为债转股的对象大都是银行最好的客户，银行舍不得把贷款抽回来。

但是这种模式也并非没有弊端。目前这种内部运作的方式受到了主管部门的质疑。因为，这相当于把自己的东西拿到自己的口袋，还是逃不出“关联交易”，或者是大银行之间交叉持有，逃不出《商业银行法》的框架。所以，这需要倒逼大银行从大局出发，真正的把债转股的债权给专业的公司去做。

从这个角度来说，这一轮债转股中，银行和资产管理公司的合作是从多方面进行着，而且很有前景，两家通过战略合作是一个不错的切入点。比如，有些银行想要设立资产管理子公司，最好的方式是和资产管理公司来合资组建，大股东可以是银行，可以兼董事长，但是具体的经营操作规范可以交给更有业务经验的资产管理公司去做。我相信，今后股份制银行、地区性的商业银行更多会采取这种办法。需要强调的是，在债转股的问题上，银行和资产管理公司的合作绝不仅是项目的合作，一定是股权的合作，是最真实的、最根本的合作。

第一财经：这一轮债转股中一个备受争议的问题是“明股实债”，如何解决这一问题？

梅兴保：“明股实债”这种现象有它存在的背景，首先是金融机构对成本资金的回报率要求比较高，对回收期限也有要求，当债转股对象企业看不到前景的时候，就只能通过私下的协议，比如，我给你先暂时解决困难，然后承诺过两年，企业用适当的资金成本再加一点利润买回去。这样的情况是有可能存在的。

一旦出现这种问题，就说明你做债转股的条件还不成熟，或者需要更广阔的“招商”，可以给四大资产管理公司做，还有20多家地方资产管理公司，以及其他的公司。所以，这就要国务院批准几个主管部门出台统一的实施债转股的政策指导意见，明确规定不能有“抽屉协议”。

市场化债转股要么不做，要么情愿慢一点做或者规模小一点做，也不能有“明股实债”的情况出现。

第一财经： 市场化债转股难免会碰到这样的问题，就是金融机构更青睐有保障的行业和企业，而一些落后地区、产能过剩行业的企业就会更加鲜有人问津。比如，背靠国资委的大央企最先获得债转股的机会；一些经济发达、实力强大省份的地方国企也相对具有优势，而像东北等地区的企业一旦提出债转股就被债权人激烈反对。市场化和政策性如何平衡？

梅兴保： 债转股是银行的资产转为股权，虽然用市场化的办法去做，但是还是有很强的政策性，它的政策性表现在政策导向和产业导向上。我认为，东北、山西这些能源重化工的基地，更加是我们要重点发展债转股的地方。从长远来看，我们国家资源是有限的，重化工为代表的实体经济的“母鸡”，无论今后发展是什么情况，结构怎么调整，它的地位是不能动摇的，所以说这些行业现在的困难是暂时的困难，我们的金融机构应该按照政策导向积极参与到东北那些地方的债转股中去。而且，随着大宗商品价格上涨，东北地区一些企业的经营状况逐渐好转，今后还会更好。未来，国家的销量这么大，投资还有这么大的潜力，城镇化还有这么多投资，再加上国际形势，所以能源、煤炭、钢铁还是很有前景的。而债转股的初衷，就是帮助有前景的企业解决暂时困难，希望今后国务院出台专门指导意见，往这种地区、这种产业去引导。但同时，要采用市场化的办法，使金融机构不吃亏。

此外，还有一个建议，目前资产管理公司参与债转股存在一个资金成本的问题，资产管理公司不比银行，要拿出巨额的资金来购买债权，负担还是很大的。建议央行能够给资产管理公司提供再贷款的优惠，当资金成本降低，跟企业谈判的时候，价格就下来了，借用了政策性的一部分做法，与市场化相结合。

AMC探索多元化、可持续经营模式

第一财经： 截至去年，四大资产管理公司的股改全部完成，东方资产和长城资产正在引进战略投资者，准备上市。未来四大AMC在中国金融市场的定位是怎样的？

梅兴保： 资产管理公司应该是金融机构改革转型的一个新亮点，也是从分业经营向综合经营的一个有益探索。

近年来，四大资产管理公司取得了快速发展，前几年经济上行，很多公司抓住机会再融资获得了好的回报，目前经济开始下行，不良资产率上升，又给AMC市场开拓提供了新的机会。最近5年，四家AMC无一不是两位数的利润增长率。

不过，值得关注的是，原本政策性出身的资产管理公司转型成为现代股份制的金融企业，竞争压力也与日剧增。因此，面向市场的第一要务是建立一个可持续的经营模式，资产管理公司的业务要多元化。目前来看，四家AMC几乎都拿到了金融全牌照，业务拓展的速度非常快。例如，中国东方资产管理公司的不良资产还是作为重要的业务方向发展，同时它也有三四个有实力的品牌，一个是东兴证券，目前已经上市；另外还有一个中华联合保险；第三是大连银行。其他三家资产管理公司也有各自的特点和优势，基本格局是一业为主，抓几个重点，业务多元。当下，资产管理时代已经到来，小到个人理财，大到一些资产配置和服务，这些都给资产管理公司未来的发展提供了广阔空间。

2017年金融监管改革会有大动作

第一财经：2017年金融监管的改革也是大家重点关注的话题，是否会有实质性的进展？

梅兴保：金融监管体制改革2017年一定会有大动作，因为这是整个金融业改革最核心、最重要的部分。监管体制怎么改革，去年的政府工作报告中就提到了。今年中央一定会加大对于监管怎么改的决策的步伐。总体改革的思路将会是，第一，统一监管后一些职能部门会做统一的整合；第二，会把新业态、新金融的问题纳入到一个综合性的监管中，让监管不留空白，不留死角；第三，国内国外的金融业务监管会统一；第四，对于金融消费者保护和风险的救助，会有一个明确的机构来负责等。

（原载于《第一财经》2017年3月）

建言大银行　献礼十九大

——第一财经、人民网、中国经济周刊记者献礼十九大专题采访实录

洪偌馨

记　者：我们看到国有大型银行即使放在国际上也是体量庞大，但是有观点认为五大行处在“大而不强”的现状，原因是什么?

梅兴保：近年来，我国商业银行规模和利润得到了较快增长，从静态看，我国五大行在资产规模、利润总量方面都排在全球前列，不能笼统说“大而不强”。但从经营管理水平、资金管理效率等方面看，国有银行与国际先进银行比，还有一定差距：

一是国内银行的利润增长仍然较大程度上依靠规模的增长。近几年国有大型银行的资产、存贷款增幅多在8%—10%，外延式增长的方式并未得到明显改善；与此同时，国际先进银行如摩根大通、富国银行等，资产增幅多在3%以内，存贷款增幅也在1%左右。在经营结构方面，国有银行的非利息收入占比在20%左右，而国际先进银行多在40%左右。国有银行在经营模式、结构等方面尚有较大的提升空间。

二是尽管目前存贷款利率上下限取消，但商业银行实现完全自主定价尚需时日，从存贷款定价趋势看，未来存贷息差进一步收窄仍存在较大的可能性。而即便是现在，国有银行存贷差只在1.8%—2.2%，而今年上半年美国银行为2.37%、富国银行2.89%，摩根大通2.32%、花旗银行2.73%。

三是从定价看，国有银行定价相对单一，定价层次需要进一步丰富。存

款定价方面，简单上浮、一浮到顶的现象还比较普遍；贷款定价方面，国有银行基本的定价区间在下浮10%到上浮10%之间，档次也比较少。对于区分客户类型、细分客户风险等级进行差异化定价，尚有大量的工作要做。

四是国有商业银行产品的同质化程度较高，通过丰富产品类型、加强差异化服务等方面仍需要进行研究和细化；同时在内部管理方面相对粗放和传统，如何将对机构、对业务条线、对员工的管理和考核统一到整体的经营目标上来，还要做大量的工作。

另外，从整个市场来看，我国的金融市场建设还需要进一步改革创新，加大直接融资市场建设，积极扩大市场参与主体，不断丰富金融产品体系，完善制度建设和监管体制建设，在支持实体经济的同时，让金融企业和企业相互促进、健康发展。

记　者：从次贷危机以来，银行业转型已经提了近十个年头，此次全国金融工作会议首次提及大型国有银行战略转型，是否表明此前转型力度略显不足？大型国有银行战略转型存在哪些难点？

梅兴保：我国银行业随着股改上市，在积极参与国际化进程中不断转型发展，在经营效益和效率方面有了长足的进步。但在此过程中，国内银行的外延式增长方式并未得到根本性改变，以2016年工农中建四大行为例，资产增幅分别为8.7%、10%、7.9%、14.2%，利润增幅分别为0.5%、1.82%、2.58%、1.53%，手续费及佣金收入占营业收入的比例分别为21.45%、17.97%、18.33%、19.59%，主要依靠资产的扩张和净利息收入的增长方式依然未得到根本改观。

从业务布局看，大型商业银行多依赖传统业务客户资源以及网点、人员优势，单个网点和人员的创造效益有待进一步提升，整体通过创新实现创效的意识和效果仍显不足；从机构布局看，大型商业银行对大城市、大企业的投入较高，对县域及小微企业的支持力度仍需进一步提升。

我国金融市场经过多年的建设和发展取得了非常大的成效，但市场分割、监管不统一的问题依然存在，亟须建设一个统一的高效的金融市场。同时对市场参与者的金融意识和理念还需进一步提高，积极倡导风险定价，有计划、有步骤地打破刚性兑付，使得金融产品的收益真正体现产品风险，从而进一步推动提高金融资源配置效率，助推实体经济发展。

在银行内部，大企业病与传统经营的惯性双重叠加，往往使得银行的效率受到一定制约，流程长、创新难的问题较为突出。多维度考核、部门墙、考核指标繁杂等因素，也制约了商业银行经营效能的提升。

同时，随着大数据时代的来临和互联网技术的广泛应用，如何将互联网技术和思维与商业银行经营发展紧密结合，是各家银行当前面临的非常紧迫和重要的问题。目前四家大型银行分别与大型互联网企业进行合作，如何使合作双方进一步融合从而推动传统业务换挡提速，如何提升客户体验从而提升金融服务水平，既是银行的痛点也是继续解决的着力点。

记　者：近期五大行也分别公布了半年报，我们看到它们的净利润增长也是在稳步上升的，基于它们自身的体量具有明显的流量优势和资金优势，是否会缺乏战略转型的动力？

梅兴保：如前所述，国有大型商业银行的经营模式还是偏外延式的，随着竞争的不断加剧和国内银行逐步参与国际竞争，商业银行转型的压力和动力较大。从数据上看，虽然净利润稳步上升，但是增速在逐步放缓，利润增速远低于资产增速。各行普遍意识到转型发展的必要性和紧迫性。

同时，由于金融行业的同质性较强，同业竞争日趋激烈，客户的金融需求更趋多样化，商业银行越来越意识到经营转型、提供差异化服务、提高产品技术含量成为提升市场竞争力的关键。

近些年，各行在产品创新、技术创新等方面都加大了人员和资金的投入力度，特别是在当前多领域、多层面介入客户多样化投融资需求，改进服务效率、提高客户满意度、改善客户体验等方面开展了大量工作，也取得了较好的效果。

记　者：几家国有大型银行在建立之初的定位都是有差异化的，在后续的发展中，都走上了规模化发展的道路，那么在其战略转型的过程中，在方向上是否也应根据自身定位有所差异？对此您有何建议？

梅兴保：几家国有大型商业银行在成立之初，定位于专业银行，分别专注于不同的领域市场。这种专业分工源于计划经济体制下的条线管理，以及当时我国金融市场在区域方面的分割。随着我国市场经济的深入发展，区域间、行业间、企业间的融合不断加深，为经济发展提供血液的银行特别是国有大型银行的业务领域也逐步走向规模化、全能银行的发展模式。这一过程中，由于各行在商业银行的各领域进行较为充分的竞争，使得银行的产品和服务不断完善，为国民经济发展和企业资金需求做出了较大贡献。

这一过程中，产品同质化的问题也不断显现，在一定程度、一些方面也存在过度竞争问题，内部考核产生的无效竞争也多有发生。因此大银行应当在规模化发展的基础上突出特色，提高产品和服务的差异化，是有效解决银行面临问题的有效途径。比如美国的富国银行比较专注于个人信贷领域，取得了较好的经营成效。对于国内大行而言可以在全功能银行的基础上，在部分领域有所侧重，或者就某些领域进行单独的宣传，打造拳头产品，从而在这些领域经营有特色，服务有差异，行业有专注，客户有细分，更深入地服务实体经济，实现更为良性的发展。

记　者：国有大型银行加强服务实体经济表现在哪些方面？

梅兴保：一是加大信贷资源投入力度，将信贷资源不断投向实体经济发展、提升经济换挡升级的领域。

二是有进有退有保有压，在保证资源投入的同时，有步骤地退出落后产能领域，做好信贷资源的高效使用。

三是有效运用信贷及非信贷、表内与表外渠道，满足经济发展中多种资金需求。

四是合理确定资金价格，在保障银行稳健发展的同时，有效降低融资成本，为实体经济输送营养。

五是发挥银行资金优势，对关系到国计民生、国家发展战略和普惠金融等领域，加大投入力度；对于暂时处于经营困难的，要通过混改、股权投资、费用减免等措施，对这些企业实施造血。

记　者：大型国有银行战略转型的过程中，如何把握创新转型与风险防控的平衡？

梅兴保：商业银行经营过程中，创新和风险防控本来就是一对矛盾统一体，转型必然要求创新，创新伴随带来风险，科学开展创新的同时加强风险防控，才能够促进转型步入快车道。

第一，要把握合理的风险偏好和相应的风险控制体系。风险和收益是对等的，选择什么样的发展模式和定位，必然对应相应的风险程度，进而要建立相应的风险控制体系，包括风控架构、风险容忍度、收益要求等。

第二，随着金融市场的建设和发展，商业银行面临的市场更加多元化，客户需求更加多样化。发挥银行在传统融资领域的优势的同时，积极适应市场形势发展，满足客户多样化融资需求。在此期间，需要把握市场的不确定性和客户实质风险，有效控制来自新领域的风险。

第三，在利率市场化改革不断深入，国内银行积极参与全球市场竞争不断深化的形势下，商业银行要一方面积极参与到各类市场的竞争中，另一方面又要稳健地管理好面临的各类市场风险，通过完善市场风险管理体制满足监管要求的同时，提升市场风险管理水平。

第四，在当前互联网技术迅速发展的形势下，商业银行也要积极引进互联网技术和思维，通过大数据平台提升在市场分析、行业细分、客户服务以及内部管理方面的水平。与此同时，还要深入研究新的环境和需求对银行经营中在风险暴露、客户行为、同业竞争以及非同业竞争方面产生的变化，平衡好新领域创新和风险控制。

2017年10月17日

新时代社会主要矛盾的提出具有划时代意义

王　静

2017年两会期间，梅兴保参加中国网政协频道两会特别节目《建言中国议库两会三人谈》节目，为中国网留墨。

10月18日，中国共产党第十九次全国代表大会开幕，习近平总书记代表十八届中央委员会向大会作报告。报告中很多新论述、新判断具有重大时代意义和历史意义，引发各界热议。

梅兴保说："报告明确了新时代中国特色的社会主义思想，具有长远的指导意义，是对马克思列宁主义、毛泽东思想、邓小平理论、'三个代表'重要思想、科学发展观的继承和发展，是马克思主义中国化最新成果，是党和人民实践经验和集体智慧的结晶，是中国特色社会主义理论体系的重要组成部分，是全党全国人民为实现中华民族伟大复兴而奋斗的行动指南，必须长期坚持并不断发展。报告用'新时代'、而不是'新时期'，每一个字都经过了仔细推敲。"

报告提出，中国特色社会主义进入新时代，我国社会主要矛盾已经转化为人民日益增长的美好生活需要和不平衡不充分的发展之间的矛盾。

梅兴保说："虽然每一个字说的很平和，但非常有新意。报告提出的新时代社会主要矛盾，是马克思主义中国化的判断。"

"新时代，人民日益增长的需要不是简单的物质文化，而是对美好生活的需求，这个美好生活就包括了环境保护、生态问题，以及社会公平正义，安全、参与民主生活等很多方面。'不平衡'不仅仅是指贫富差距，还包括教育程度、文化程度、公共设施、交通便利程度等多方面。'不充分’是指一些粗浅方面的需求可能已经被满足，但人们深层次的需求还没有满足。新时代基本矛盾的确定对指导今后经济社会文化事业的发展，以及政策制度的规划制定，都有划时代意义。”梅兴保说。

“既然我国社会主要矛盾已经发生历史性变化，我们就要在继续推动发展的基础上，着力解决好发展不平衡不充分问题，大力提升发展质量和效益，更好满足人民在经济、政治、文化、社会、生态等方面日益增长的需要，更好推动人的全面发展、社会全面进步。”梅兴保说。

十九大报告指出，我国社会主要矛盾的变化，没有改变我们对我国社会主义所处历史阶段的判断，我国仍处于并将长期处于社会主义初级阶段的国情没有变。结合金融服务的实际，梅兴保谈了自己初步学习的体会。他说：“我国金融业发展很快，规模已经很大，网点也很多，互联网金融业快速发展起来了。但是，广大农村，尤其是西部地区农村，金融服务还远远不够，金融资产的分布极不平衡，发展普惠金融还任重道远。就整个融资体系来说，现在间接融资比重太大，直接融资比重较小，要稳步发展直接融资，让更多的企业学会首先找资本市场解决融资需求。就银行、保险、证券行业来说，保险业发展很不够，社会上个人的财产除汽车以外，投保险产品的很小，使得我国的保险深度即保费收入占GDP的比重很低，保险密度即人均保费收入更少。随着金融科技的发展，互联网金融、数字货币、区块链金融又扑面而来，人民对新的金融服务又有新的期待。我们要深入学习十九大报告，按十九大精神更加有效务实地做好金融服务。”

（原载于中国网2017年10月26日）

图书在版编目（CIP）数据

梅溢清香 / 梅兴保著 . -- 北京 ： 中国文史出版社，
2019.1
（政协委员履职风采）
ISBN 978-7-5205-1094-3

Ⅰ . ①梅… Ⅱ . ①梅… Ⅲ . ①梅兴保—生平事迹
Ⅳ . ① K825.34

中国版本图书馆 CIP 数据核字（2019）第 082520 号

责任编辑：戴小璇

出版发行：**中国文史出版社**
社　　址：北京市海淀区西八里庄 69 号院　　邮编：100142
电　　话：010—81136606　81136602　81136603（发行部）
传　　真：010—81136655
印　　装：北京地大彩印有限公司
经　　销：全国新华书店
开　　本：1/16
印　　张：14.25　　　插页：4
字　　数：205 千字
版　　次：2019 年 6 月北京第 1 版
印　　次：2019 年 6 月第 1 次印刷
定　　价：42.00 元
